LA MÉDITATION

semaine après semaine

David Fontana

LA MÉDITATION

semaine après semaine

52 exercices pour vous aider à vivre en paix et de façon consciente

EVERGREEN

EVERGREEN is an imprint of
TASCHEN GmbH

Hohenzollernring 53, D–50672 Köln
www.taschen.com

Titre original : Meditation Week by Week

Production : Print Company Verlagsges.m.b.H., Vienne
Traduction : Frédérique Lecomte

ISBN 978-3-8365-0347-1
Printed in Malaysia

Note de l'éditeur : Cet ouvrage recommande la méditation non pas comme traitement spécifique d'une maladie mais seulement pour améliorer le bien-être général. La méditation est bénéfique à la plupart d'entre nous et en général sans danger. À ceux qui ne seraient pas sûrs de ses bienfaits, il est conseillé de consulter un médecin avant de pratiquer une méditation quelconque présentée dans ce livre. Ni les éditeurs ni l'auteur ne peuvent être tenus responsables de blessures ou de troubles résultant des méditations ou de l'utilisation d'une technique s'y rapportant mentionnées ici.

Sommaire

Introduction

Le titre de cet ouvrage ne signifie pas que vous devez pratiquer l'une de ces 52 méditations toutes les semaines. La méditation est une pratique d'un autre genre. En effet, le degré de progrès varie selon les individus et certaines méditations sont prévues pour être pratiquées sur le long terme et non une ou deux fois pour être abandonnées ensuite. Travaillez à votre rythme.

Toutes les sections pratiques de cet ouvrage sont intitulées méditations. Certaines, expliquées dans le premier chapitre, sont davantage des exercices d'introduction. Ce chapitre vous informe sur l'origine de la pratique et ces méditations d'introduction sont importantes car c'est le manque de préparation qui pousse de nombreuses personnes à abandonner. Les autres chapitres traitent des aspects pratiques et de l'évolution de la méditation. Je vous recommande de les suivre dans l'ordre de l'ouvrage mais ce n'est pas obligatoire – il se peut que les circonstances ne vous permettent pas de travailler sur certaines des méditations dès la première lecture et que vous souhaitiez y revenir plus tard. Vous aurez peut-être besoin de vous concentrer d'abord sur une seule méditation jusqu'à en tirer une satisfaction personnelle, ou de lire tout le livre afin de vous familiariser avec le sujet avant d'entreprendre les méditations. C'est votre livre, servez-vous en comme bon vous semble.

Un an peut paraître long, mais il existe un dicton selon lequel, en méditation, le temps ne signifie rien. Pour l'année à venir mettez donc de côté les idées classiques sur le progrès et l'évaluation du chemin parcouru chaque semaine et chaque mois. Observez plutôt vos progrès au cours d'une simple séance de méditation ; d'autres fois vous aurez l'impression de reculer en-deça même de votre point de départ. Ne soyez pas euphorique lors de votre première expérience ou déçu lors de la seconde. Ces observations sont des leçons essentielles sur votre esprit. L'euphorie et la déception nuisent à la concentration et font partie des obstacles à surmonter sur le chemin de la découverte de Soi.

Pendant la méditation, même la notion de temps peut changer. Certaines séances semblent plus courtes ou plus longues qu'elles ne le sont en réalité, ou avoir lieu hors du temps. Vous comprendrez alors que notre notion du temps est subjective.

Ce livre n'est pas écrit dans une perspective de traditions spirituelles et s'il mentionne certaines traditions plus que d'autres, c'est simplement parce qu'elles se consacrent plus à la méditation.

Une fois terminé, utilisez ce livre comme outil de référence, tant il est facile d'oublier ce qu'on a appris. J'espère que vous aurez découvert que la méditation est faite pour vous, tout comme pour chacun d'entre nous même si très peu de personnes le réalisent. Si ce livre vous mène au moins sur la voie de la méditation, il aura rempli son rôle.

Chapitre 1

Début de la conscience de Soi

- *Qu'est-ce que la méditation ?*
- *Pourquoi méditer ?*
- *Votre état d'être : où en êtes-vous ?*
- *Le Soi physique*
- *Mouvement et immobilité*
- *Le Soi mental*
- *Le Soi entier*
- *Commencer la méditation assise*
- *Une heure et un endroit pour s'asseoir*
- *Que porter*
- *Le monde qui bouge*
- *Absorber le monde*
- *Le Soi dormant*
- *Méditation et spiritualité*
- *Méditation et comportement éthique*

La conscience de Soi apparaît au cours de la troisième année de la vie. Avant, ce sont des besoins physiques (manger, boire, confort) et des réactions intuitives (peur, intérêt, plaisir) qui nous dirigent. À la notion naissante du Soi s'ajoutent la découverte de nos goûts et la motivation de décider et de demander afin de les satisfaire : nous devenons progressivement autonomes. Le développement du Soi dépend beaucoup du tempérament et du vécu.

Le Soi est donc, dès notre plus jeune âge, notre compagnon de vie. Ce que nous pensons de nous et ce que les autres pensent de nous aident à déterminer la personne que nous deviendrons. Mais à quel point sommes-nous conscients de nous-même ? À quel point nous connaissons-nous nous-mêmes ? Quel contrôle avons-nous sur nous-mêmes ? Quelles expériences nous permettent d'être plus objectifs sur nous-mêmes pour changer ce qui nous déplaît ? Le Soi est un processus dynamique et les événements de la vie changent constamment notre manière de nous voir. Sommes-nous en mesure de prendre la responsabilité de ce changement ou bien en grande partie à la merci de ce que la vie nous apporte ? La méditation tend à répondre à certaines de ces questions.

Qu'est-ce que la méditation ?

La méditation est une expérience directe de l'esprit. Surprenant ? Nous ressentons bien nos esprits en permanence ? Non, pas vraiment. Pendant une grande partie de notre vie nous ressentons seulement les pensées, les émotions et les sensations qui remplissent nos esprits, un flot de distractions en perpétuel changement, joyeux ou triste, bienvenu ou importun. Ce flot rapide de réflexions et d'impressions n'est pas plus l'esprit que l'eau dans la tasse n'est la tasse. En méditation nous nous distançons de ce flot au lieu de nous identifier à lui. Nous devenons observateurs au lieu d'être acteurs. Et lorsque la pratique se développe, le flot se réduit alors à un petit filet et cesse parfois complètement, sur une courte durée, nous permettant de constater que l'esprit est toujours là, même quand les pensées ont disparu. L'absence de distractions fait place à un calme, une conscience claire, un sentiment d'être plutôt que de faire, de tranquillité plutôt que de confusion.

La méditation donne l'impression d'entrer dans une sorte de transe ? Rien n'est plus faux. La méditation est un état de vigilance posée et non pas un état de somnolence étourdie. En état de méditation, l'esprit se libère des effets éreintants de son agitation intérieure. Il se concentre et se focalise. Après la méditation, il est calme et régénéré. Si la méditation semble nous couper du monde en nous transportant vers un état introspectif, ce n'est pas le cas. En aidant l'esprit à se libérer de l'agitation intérieure, la méditation permet de prendre l'autre et ses besoins en considération et d'établir des rapports chaleureux et compatissants. Comme elle développe la concentration, la méditation nous permet aussi d'agir plus sûrement et plus efficacement dans le monde, et d'affronter les défis du quotidien avec clarté et sérénité.

Souvent, on pense que méditer, c'est être assis sur un coussin dans une pièce calme et tranquille. Une fois de plus, cette idée est fausse. Une séance quotidienne de méditation en position assise est certes essentielle pour progresser, mais même aux premiers jours de la pratique, on peut méditer dans la journée à des moments appropriés : dans le train, en attendant un ami ou en se promenant. Quelques minutes de méditation aident à calmer les nerfs avant un évènement stressant, comme un discours en public, et à reposer l'esprit après une réunion fatigante ou une dure journée de travail.

Toutes les grandes traditions spirituelles ont magnifié la méditation comme cheminement vers le développement personnel. Ces dernières années, les psychologues l'ont aussi reconnue comme méthode de relaxation et d'entraînement de l'esprit. Pour beaucoup de populations orientales la méditation est un mode de vie normal dès la plus tendre enfance. Bien que sa pratique en occident se soit heurtée pendant des siècles à un rejet, toutes les techniques orientales sont de nouveau enseignées activement et largement dans les traditions occidentales.

Pourquoi méditer ?

La méditation est moins la découverte d'une nouvelle compétence que la redécouverte d'un état naturel de l'esprit, toujours présent et qui l'a toujours été, enfoui sous l'agitation qui retient d'habitude notre attention. Pour illustrer au mieux la nécessité de méditer, pensez à une pièce encombrée et en désordre, dans laquelle nous essayons sans arrêt de trouver de la place pour de nouvelles affaires alors que nous rechignons à nous séparer des vieilles, une pièce dans laquelle nous trébuchons sans cesse sur des affaires éparpillées sur le sol, où il n'est possible de nous asseoir qu'après avoir dégagé les chaises et où nous ne pouvons jamais trouver ce que nous voulons sans une recherche longue et frustrante.

Imaginez, maintenant, cette même pièce débarrassée de son désordre, dans laquelle nous pouvons maintenant agir avec plus d'aisance et moins de stress, dans laquelle nous pouvons profiter des couleurs et de la décoration, où il est agréable de s'asseoir et de se détendre. La pièce représente, bien sûr, notre esprit, et ses transformations sont le résultat de la méditation.

La méditation est donc une forme de grand nettoyage de printemps de l'esprit ou si vous préférez une forme de purification mentale. Elle repose et détend l'esprit, augmente les pouvoirs de concentration et de conscience, nous aide à faire face aux défis quotidiens avec sérénité et à agir plus efficacement. Mais cela va bien plus loin. Nous sommes, en quelque sorte, des étrangers pour nous-mêmes. Face aux fortes pressions de la vie moderne, nous avons peu de temps pour l'introspection et pour découvrir qui nous sommes, ce qui se cache derrière l'activité superficielle monopolisant notre attention. Donc la méditation est aussi un cheminement vers la connaissance de Soi. Elle nous permet de voir en nous, comme si une fenêtre jusqu'ici pleine de poussière venait d'être nettoyée. Pour beaucoup ce processus est autant spirituel que psychologique. Nous apprenons qu'il existe en nous plus que notre être matériel, plus qu'un cerveau et un corps mortels.

Voilà des raisons suffisantes pour apprendre à méditer, mais il existe aussi des effets bénéfiques physiques. Lorsque l'esprit se calme, le corps apprend aussi à se détendre et à redécouvrir son équilibre. En apprenant à mieux gérer le stress et à mieux ressentir le bien-être qui va de pair avant la tranquillité, on constate souvent une diminution de la tension artérielle et du rythme cardiaque qui perdure après la méditation. Soulagé des tensions, le corps semble mieux apte à résister aux infections et peut-être même à éviter d'autres maladies. Il est prouvé que les méditants réguliers vivent plus longtemps que les non-méditants et qu'ils prennent plus de plaisir au monde naturel, aux beautés de la terre et du ciel.

La méditation peut aider à contrôler la douleur et la guérison. C'est une forme de traitement gratuit et qui, pour la plupart des gens, n'a ni effet secondaire ni contre-indication.

Votre état d'être : où en êtes-vous ?

Nous vivons dans un monde très extroverti. Le plus souvent durant notre vie de veille, notre attention est tournée vers l'extérieur, le travail, la télévision, les journaux et magazines, les films et vidéos, la musique d'ascenseur, le bruit de la circulation, les dires et les demandes des autres. On nous bombarde d'informations, de choses à lire, à connaître, à discuter. On dit qu'un seul exemplaire du *New York Times* contient plus d'informations qu'une personne cultivée du XVIIIe siècle n'aurait rencontrées dans sa vie. Il n'est donc pas étonnant que nous ayons à peine le temps de nous arrêter, de nous livrer à une introspection et d'aborder le mystère fondamental nous accompagnant chaque jour, le mystère de qui et de ce que nous sommes.

Donc la question « Où en êtes-vous ? » renvoie à où vous vous situez à l'intérieur de vous-même. Pendant la plus grande partie de nos vies, en particulier durant les années formatrices de notre enfance, d'autres personnes ont essayé de nous dire qui nous sommes. Et parfois, ces voix peuvent se contredire. Nous avons grandi avec un nombre déconcertant d'étiquettes que d'autres ont choisi de nous coller. Les parents, les professeurs, les amis, les partenaires, les collègues, les hommes politiques, les cadres marketing, les théologiens, les banquiers, les biologistes et les physiciens ont, tous, essayé de nous dire si nous étions bons ou mauvais, intelligents ou lents, beaux ou quelconques, de droite ou de gauche, brillants ou non, sensibles ou insensibles, parcimonieux ou excentriques, égoïstes ou généreux, etc. Bien que nous ayons raison d'écouter les autres, puisque nous vivons dans un monde social, la seule personne qui vous connaît réellement c'est vous-même. Vous êtes votre propre spécialiste.

La question « Où en êtes-vous ? » est destinée à vous faire un peu réfléchir sur vous-même, non pas du point de vue de la réussite matérielle mais de celui de votre état d'être. Croyez-vous à toutes les étiquettes que les autres vous ont collées ou êtes-vous capable de faire la différence parmi elles ? Êtes-vous en paix avec vous-mêmes et vous sentez-vous chez vous dans votre esprit ? Êtes-vous attentif à l'enchaînement de vos pensées et des choses qui préoccupent votre esprit ? Contrôlez-vous vos pensées ou sont-elles incontrôlables ? Dans votre esprit, qui commande, vous ou votre agitation intérieure qui veut que vous repensiez à des choses que vous préféreriez oublier, à des disputes ou à des gênes passées, à des souhaits et à des désirs vains, à des rêves stériles ? Êtes-vous conscient de qui ou de ce qui se cache derrière cette agitation ? Le simple fait d'exister est un miracle. Que savez-vous du miracle que vous êtes ? Êtes-vous capable de détourner votre attention de toutes les distractions, ne serait-ce que pour un instant, et de réfléchir au fait même d'être vivant ?

La méditation est une méthode qui vous aide à atteindre ce but.

Le Soi physique

Nous n'avons ni le temps de regarder en nous, ni le temps de prêter l'attention nécessaire à notre environnement. Cela peut paraître paradoxal, entourés comme nous le sommes par tant de frénésie. Mais c'est précisément à cause de cette frénésie que nous n'avons pas le temps de prêter attention à quoi que ce soit. La quantité même des choses réclamant notre attention et la hâte avec laquelle elles sont remplacées signifient que nous sommes toujours poussés à regarder ou à écouter ailleurs, un peu comme un enfant hâté par un adulte pressé dans un magasin de jouets. Par conséquent, nous sommes rarement tout à fait dans notre environnement, le temps nous manque pour apprécier le flot imperceptible d'évènements, l'éventail des couleurs, les textures et les formes, l'harmonie et la discorde avec lesquels nos semblables organisent le monde.

Pour compliquer davantage, même quand nous avons le temps de bien ressentir quelque chose, nous y associons aussitôt des concepts. Nous le nommons, le définissons, le jugeons et l'évaluons, nous le classons et souvent nous le sortons de son contexte. Le monde est ainsi ressenti comme composé de plusieurs unités isolées au lieu d'une subtile unité d'interconnexions constituées d'objets et de l'espace autour d'eux. Nous vivons nos pensées, non ce que nous voyons réellement. La nouveauté constante servie par les médias s'épuise, nous laissant agités et repus. Souvent empri-

MÉDITATION 1 : **Prenez conscience de l'environnement**

Il est précieux de réaliser ce qu'est l'attention totale portée sur notre environnement. Lisez cette méditation puis essayez-la en plein air.

1 *Asseyez-vous confortablement et laissez votre regard errer dans le jardin ou l'espace ouvert dans lequel vous êtes assis en essayant de ne pas penser à ce que vous voyez. Regardez simplement. Imprégnez-vous des couleurs, des formes, de tout ce que vous voyez et de la relation de chaque objet à son environnement ainsi que de l'espace vide qui le définit. N'oubliez pas de regarder de haut en bas et sur les côtés. Regardez le panorama autour de vous comme si c'était la première fois. Ne classez et ne jugez pas ce que vous voyez. Et si des pensées vous viennent, essayez de les chasser doucement.*

2 *Maintenant prêtez attention à votre ouïe. Concentrez-vous sur les sons sans essayer de les identifier. Ensuite passez aux sensations tactiles – la chaleur du soleil, le souffle du vent, le contact de l'herbe.*

3 *Pour finir, imprégnez-vous des images, des sons et des sensations tout à la fois sans vous laissez perturber par vos pensées.*

Quel effet cette expérience a-t-elle eu sur vous ? Avez-vous ressenti plus d'unité et d'harmonie avec votre environnement ? L'avez-vous ressenti plus proche ou plus éloigné ? Remarquez simplement ces effets. Il n'y a ni bonnes ni mauvaises réponses.

sonnés dans un environnement façonné par l'homme, nous ne voyons pas les changements subtils de la nature, où les scènes se succèdent et changent chaque jour, chaque semaine et à chaque saison qui passent.

Une fois de plus la méditation nous apprend à regarder le monde qui nous entoure et à y participer. Un jour, alors qu'on demandait à un célèbre professeur de méditation bouddhiste le secret de la méditation, il dessina le symbole représentant l'attention. Son interlocuteur insista, il devait bien y avoir autre chose, mais de nouveau il écrivit « attention », non la simple attention de l'esprit quand on est assis en méditation, mais l'attention focalisée sur tout ce qui vient pas à pas à la conscience. Le moment présent est tout ce que nous avons, et une fois passé, il est aussi irrévocable que le premier instant de tous les temps. La méditation nous aide à nous investir dans le moment présent et à le considérer lui et les expériences qu'il nous apporte comme un cadeau précieux.

L'état d'attention procure le sentiment bien plus profond d'être en vie, d'être pleinement présent et en union avec tout ce qui nous entoure. Il a par conséquent l'avantage d'améliorer notre mémoire. C'est notre manque d'attention qui en premier lieu nous fait oublier si facilement les choses. Ayant appris, grâce à la méditation, à nous concentrer plus sur notre expérience directe, nous trouvons ainsi de plus en plus facile de nous souvenir des détails de cette expérience.

MÉDITATION 2 : **Prenez conscience de votre corps**

La plupart du temps nous ne sommes qu'en partie conscients de notre corps. Les tensions et les mauvaises habitudes se développent imperceptiblement et nous accompagnent au long des années, fatigant nos muscles, nos tendons et nos articulations. Nous perdons la sensation de notre corps en tant qu'unité harmonieuse, et bien trop souvent une partie travaille contre l'autre. La méditation aide à rediriger notre attention sur notre corps, à prendre conscience de ces tensions et mauvaises habitudes, en position assise, debout ou en mouvement. Alors, nous pouvons commencer à nous en libérer. Pratiquez chacune des méditations suivantes au cours des jours à venir.

- *Penchez-vous et ramassez un objet imaginaire. L'avez-vous fait avec raideur ? Avez-vous tendu le bras en gardant le dos droit qui s'est donc penché malgré lui ?*
- *Pensez à vos mouvements quand vous marchez ou courez. Sont-ils non coordonnés ou gardent-ils la fluidité que vous aviez enfant ?*
- *Regardez les jeunes gens bouger. Que pensez-vous de leur posture ? Combien ont les épaules déjà tombantes et la tête bizarrement droite donnant l'impression que marcher est une corvée ? Observez votre propre image dans une vitrine. Y a-t-il des similitudes ?*

Mouvement et immobilité

Toute la nature est caractérisée par le mouvement et l'immobilité – le mouvement du vent et de l'eau, l'immobilité des pierres et des grandes œuvres d'art ; le bourgeonnement intense au printemps, le sommeil des semences durant l'hiver. La méditation accroît la qualité à la fois du mouvement et de l'immobilité. Cependant l'image du méditant est plus souvent associée à celle d'un moine bouddhiste assis sur un coussin dans un monastère calme, d'un professeur de yoga en position gracieuse d'*asana* ou d'un saint chrétien agenouillé en adoration devant le divin.

Essayez de rendre la prise de conscience du corps décrite dans la méditation 2 partie intégrante de votre vie quotidienne. Les tensions physiques et les modes de mouvements peu économiques ne provoquent pas seulement le stress et la crispation du corps, ils affectent également l'esprit. L'esprit et le corps sont si intimement liés que les tensions de l'esprit se répercutent aussitôt sur le corps, tandis que les tensions du corps envoient des messages à l'esprit comme quoi lui aussi devrait être tendu. Essayez de développer une conscience du corps pas seulement quand il est en mouvement mais aussi quand il est au repos. Combien d'entre nous peuvent vraiment rester assis tranquilles dans une position correcte qui n'impose aucune tension au corps ? Comme les tensions physiques fatiguent l'esprit, le calme du corps relâché apaise l'esprit.

MÉDITATION 3 : **Prenez conscience de l'immobilité**

Cette méditation est destinée à vous rendre conscient des tensions et des mauvaises postures lorsque vous êtes immobile.

1 *Commencez la pratique en trouvant un endroit confortable où vous asseoir, le dos droit et les mains relâchées, ou la paume sur les genoux. Balancez-vous doucement trois fois de gauche à droite, redressez-vous et ne bougez plus.*

2 *Éprouvez-vous le besoin de bouger ? Le cas échéant, concentrez-vous. Est-ce associé à une partie du corps – peut-être une sensation de gêne, ou est-ce une agitation générale ? Pourquoi l'immobilité est-elle un problème ? Une fois que vous avez déterminé pourquoi vous voulez bouger, laissez la sensation partir en restant immobile.*

3 *Maintenant laissez votre conscience se déplacer dans votre corps. Commencez par les pieds et ensuite remontez lentement jusqu'au sommet de la tête. Que remarquez-vous ? Vous sentez-vous en contact avec chaque partie de votre corps ? Y-a-t-il des tensions quelque part ? Pouvez-vous les relâcher ?*

4 *Restez immobile une ou deux minutes après avoir terminé la méditation.*

Le Soi mental

Quand on demande à des Occidentaux où ils « vivent » dans leur corps, la plupart désignent une partie de la tête – en général juste derrière les yeux. On suppose que c'est ainsi parce que le cerveau, l'unité de contrôle du corps, est dans la tête. Mais en fait, la conscience, l'aspect conscient de notre esprit, peut être localisée presque partout dans notre corps. Dans les cultures orientales, la plupart des personnes désignent plutôt le plexus solaire ou le cœur. Quand vous caressez un chat, la sensation consciente est dans votre main, non dans votre tête, de même elle est dans votre orteil quand vous vous le cognez, et quand vous entrez dans un bain chaud, elle est partout sauf dans votre tête.

Les méditations 2 et 3 vous aident à réaliser que la conscience n'a pas de place définie à l'intérieur du corps. En la plaçant artificiellement dans la tête (l'habitude est si ancrée qu'il est difficile de s'en débarrasser), nous ne nous distançons pas seulement de notre corps, mais nous limitons l'étendue de notre conscience. L'agitation intérieure incessante dans notre tête limite davantage. La méditation aide une fois de plus à étendre la conscience, et finalement peut-être jusqu'au point de sentir qu'elle englobe toute la création. La sensation d'extension n'est pas irrationnelle. Nous ne participons au monde extérieur qu'en le comprenant avec toute notre conscience.

MÉDITATION 4 : **Prenez conscience de votre esprit**

La méditation concerne l'attention et le regard. Le méditant identifie ce qui est à regarder, puis il l'observe fixement durant toute la séance de méditation. L'objet de cette observation peut être n'importe quoi, même le va-et-vient des pensées. La méditation 4 vous donne un avant-goût de cette forme d'exploration de l'esprit.

1 *Assis confortablement comme d'habitude, le dos droit, dirigez votre attention sur vos pensées. Ne pensez à rien en particulier. Observez ce qui surgit.*

2 *Ne vous accrochez pas à une de vos pensées, qu'elle soit agréable ou non. N'interférez pas, ne les jugez pas. Observez-les aller et venir comme vous regarderiez une rivière couler sous un pont.*

3 *Poursuivez la méditation cinq minutes, plus si vous le souhaitez.*

Qu'avez-vous perçu de vos pensées ? Étaient-elles banales ou profondes ? Se suivaient-elles ? Combien concernaient des souvenirs ? Étaient-elles familières comme si elles venaient de votre préconscience ou certaines vous ont-elles surpris ? Étaient-ce des souvenirs auxquels vous n'aviez plus pensé depuis des années ? Y avait-il de soudaines révélations ou visions semblant venir d'un niveau plus profond ? Réfaites cette méditation de temps en temps dans différentes humeurs. Qu'apprenez-vous sur votre esprit ?

Pour chacun de nous la réalité se joue véritablement à l'intérieur de notre esprit, infini en ce sens. Il peut s'étendre jusqu'à la plus éloignée des étoiles ou remarquer l'existence du plus petit grain de sable. Grâce à la mémoire et à la visualisation, l'esprit peut faire appel à des choses qui n'ont pas été vécues directement. En fait, même des choses non vécues peuvent être imaginées, fabriquées par l'esprit grâce à son aptitude unique à créer.

En méditation, l'esprit peut perdre beaucoup de contraintes que nous lui avons imposées. Même les limites bâties entre les parties conscientes et inconscientes de l'esprit peuvent s'estomper afin que la conscience de Soi englobe la surface de nos vies mais aussi tout ce que nous sommes, avons été et serons. Cela semble étrangement mystique, mais le mystique n'est devenu tel que parce que nous l'ignorons, par choix ou par éducation, en ne vivant que dans un recoin de nous-mêmes.

L'inconscient peut être divisé en trois niveaux : d'abord, le préconscient englobant tout ce qui nous vient à l'esprit à notre guise ; ensuite l'inconscient personnel, gardien d'une grande partie de l'histoire de notre vie, habituellement inaccessible sauf dans nos rêves et psychothérapies ; et enfin l'inconscient collectif, héritage commun des prédispositions spirituelles et psychologiques et qui se trouve d'ordinaire tout à fait en dehors de l'esprit conscient. La méditation, nous le verrons, peut faire perdre de leur mystère à ces niveaux les plus profonds.

MÉDITATION 5 : **Prenez conscience de vos émotions**

Les émotions sont ce qui donne à la vie sa couleur et ses aléas. Certains d'entre nous sont en contact avec leurs émotions et capables de les apprécier ou de les gérer. La plupart de nous aimons les émotions positives comme le plaisir et la joie. Par contre des émotions pénibles comme la colère et la peur peuvent s'avérer problématiques. D'aucuns sont moins sûrs de leur vie émotionnelle et peuvent refouler plusieurs émotions, même les positives. La méditation nous met en contact avec nos émotions et nous aide à les gérer plus efficacement.

1 *Assis confortablement, dirigez votre attention sur vos sentiments. S'ils semblent neutres (l'ennui est aussi un sentiment !), pensez à une situation qui provoque en vous la colère, la peur, la frustration, la gêne ou une autre émotion désagréable.*

2 *Essayez de découvrir où se situe l'émotion dans votre corps. Estomac, poitrine, tête, dos ? Prêtez attention à cette sensation. Avec quels mots la décririez-vous ? Familiarisez-vous avec elle.*

3 *Maintenant laissez-la doucement partir. Sentez la sensation peu à peu s'évanouir. Si la pensée qui l'a amenée persiste, n'essayez pas de la repousser, distancez-vous simplement d'elle, observez-la comme si elle ne vous appartenait pas. Laissez-la s'estomper.*

Le Soi entier

Ces méditations d'introduction devraient vous avoir aidé à vous sentir plus intégré avec un esprit, un corps et des émotions plus sensibles envers autrui. Elles devraient aussi vous avoir permis de remarquer qu'en fait l'esprit, le corps et les émotions s'influencent. Des pensées angoissantes ou furieuses mènent à des émotions du même type reflétées par des sensations physiques identiques. De même, si le corps est tendu, il envoie des signaux tendus à l'esprit et aux émotions. Si des émotions comme la peur ou la colère nous permettent de combattre l'injustice et d'éviter le danger, elles peuvent aussi être contre-productives quand elles sont vécues hors contexte, et quand esprit et corps réagissent inutilement. Conscients de nos émotions, nous pouvons alors espérer contrôler leurs effets physiques et psychologiques parfois dangereux.

Habituellement, nous pensons à la conscience de Soi comme d'une gêne. Cette forme de conscience de Soi n'est cependant que la conscience que nous avons quand les autres nous regardent en pensant peut-être que nous sommes bêtes, maladroits ou inadaptés. La vraie conscience de Soi implique connaissance et acceptance de Soi. La méditation nous aide à nous accepter et nous enseigne à nous libérer de nos propres jugements. Nous sommes qui nous sommes, ni plus ni moins.

MÉDITATION 6 : **Prenez conscience de vous**

La méditation nous permet de reconnaître que des sentiments comme la gêne sont passagers et futiles. De plus, le simple fait de s'asseoir seul crée une sensation de bien-être, d'aise avec soi.

1 *Commencez cette méditation, comme d'habitude, confortablement assis et le dos droit. Laissez votre conscience envahir votre corps.*

2 *Soyez conscient de vous-même comme d'une présence, d'un espace occupé, d'une partie essentielle du monde. Ne laissez pas ce moment devenir égotiste. Vous n'êtes pas en train de vous juger ou de faire votre propre éloge, mais simplement d'être conscient de vous-même comme étant vivant et par conséquent précieux.*

3 *Soyez conscient de vous comme de quelqu'un ayant une histoire. N'essayez pas de vous remémorer une partie de celle-ci. Réalisez plutôt que votre moi présent est bâti sur votre moi passé, comme si vous étiez assis sur votre vie passée.*

4 *Soyez maintenant conscient de votre vous futur, futur dans lequel vous ne cessez de grandir.*

5 *Pour finir, reconnaissez que le Soi n'a pas de frontières, et qu'il n'est limité ni par le passé ni par le futur ni même par les opinions changeantes que les autres peuvent avoir de nous.*

Commencer la méditation assise

Vous devez désormais avoir une idée de ce qu'est la méditation. Vous savez qu'il s'agit de calmer l'esprit en se concentrant sur un seul stimulus. Vous savez que la méditation unit l'esprit, le corps et les émotions et qu'elle aide à découvrir la connaissance et l'acceptance de Soi. Vous connaissez les bienfaits physiques et psychologiques qu'elle peut apporter. Il est temps maintenant de consolider cette connaissance ainsi que les méditations préliminaires en commençant la pratique formelle de la méditation assise. Tout d'abord, il est judicieux d'expérimenter un peu les différentes manières de s'asseoir. Sans exercice, le corps humain n'est à l'aise dans aucune position très longtemps, c'est pourquoi nous ressentons si souvent le besoin de bouger. Mais la méditation assise fonctionne mieux si le corps peut rester immobile – vraiment immobile sauf pour respirer – pour le temps imparti, que ce soit cinq minutes ou une heure. Comme vu précédemment, l'immobilité du corps favorise le calme mental, d'où la nécessité d'expérimenter pour trouver la meilleure position.

Les photos de méditants en position du lotus, le dos droit, les jambes croisées et chaque pied placé sur la cuisse opposée vous sont sûrement familières. Cette position est, pour la plupart des adultes, quasiment impossible à tenir sans une longue expérience et souffrance. La position dite parfaite est une alternative plus aisée où une des jambes croisées reste au sol et l'autre pied est posé sur le mollet opposé. Cette position est réalisable par la plupart des gens avec de la pratique. Au début, les genoux ont tendance à ne pas toucher le sol, mais à force de patience et de persévérance (ne jamais appuyer sur vos genoux avec les mains ; utilisez seulement la pression musculaire de vos jambes), vous réussirez à les baisser. Si vous n'arrivez pas à prendre cette position, asseyez-vous avec les jambes croisées normalement. Si cela est impossible, asseyez-vous droit sur une chaise, les pieds à plat sur le sol. Quelle que soit la position choisie, le dos et la tête doivent être droits. Cette position empêche de s'endormir, renforce le dos et on dit en yoga qu'elle permet aux énergies de monter de la colonne vertébrale vers la tête.

Admettons que vous êtes assis confortablement sur le sol (pour débuter cinq minutes par séance). Fabriquez ou achetez un petit coussin dur qui surélève vos fesses de 10 cm environ.

Une fois sur votre coussin, pliez la jambe gauche (ou l'autre si vous préférez) et ramenez le talon jusqu'à ce que celui-ci touche le coussin. Glissez doucement en avant jusqu'à ce que vous soyez presque assis sur le talon, attrapez la jambe droite et croisez-la sur la jambe gauche, en plaçant le pied droit sur le mollet gauche ou en le laissant sur le sol devant le mollet si ceci est trop difficile. Baissez les genoux autant que possible. Pour finir placez vos mains sur les genoux, mains l'une sur l'autre, paumes vers le haut.

Vous êtes quasiment prêt à commencer.

Une heure et un endroit pour s'asseoir

Vous savez maintenant comment vous asseoir pour méditer, donc quand et où vous asseoir ? La règle d'or est de ne pas être trop ambitieux, ou trop préoccupé des objectifs à long terme. Beaucoup commencent la méditation, peu la continuent, en partie parce qu'ils entreprennent trop et trop tôt, alors choisissez les exercices selon votre emploi du temps et votre vie familiale. Les trois-quarts des méditants préfèrent les séances matinales, les autres le soir. Vous pouvez choisir une période qui vous convient mieux. Essayez de maintenir cet horaire, ainsi à l'heure dite l'esprit passe naturellement en méditation.

Un endroit calme est souhaitable, essentiel même pour commencer. Une pièce spéciale serait idéale, mais peu de personnes ont ce luxe, donc choisissez le coin d'une pièce paisible, dehors si vous vivez dans un climat chaud. Avec le temps, essayez de garder cet endroit. Vous voudrez peut-être aménager votre espace avec un objet – un petit tapis sur le sol, ou une étagère avec des cristaux pour aider votre esprit à se concentrer sur votre exercice. Évitez tout bruit, mais s'il y en a un peu, ne le laissez pas vous perturber durant votre séance. Si vous êtes seul dans la maison, débranchez le téléphone. On peut utiliser la musique pour méditer, mais il vaut mieux, surtout pour les débutants, que la séance se fasse dans le silence.

Rester assis combien de temps

Des séances courtes de méditation constante sont plus conseillées que des longues où l'esprit erre à sa guise. Commencez par cinq minutes. Une fois l'habitude prise, vous pouvez augmenter le temps de cinq minutes de plus, ou continuer la séance aussi longtemps que vous le désirez. Cette dernière méthode vous donnera l'impression que la séance n'a duré que cinq minutes alors qu'elle aura été plus longue. La méthode précédente est cependant plus sûre car elle garde les choses organisées et vous laisse le contrôle.

Quand votre pratique se développe, fixez-vous 30 minutes par jour, soit en une seule séance, soit en deux de 15 minutes. L'idéal serait une heure par jour, mais la qualité prévaut sur la quantité. Programmez un réveil doux qui vous indique la fin de votre exercice, et levez-vous en douceur quand vous vous sentez prêt.

Que porter

Tout comme il est essentiel de définir une heure et un endroit pour méditer, il est important de porter un vêtement spécial. Le confort est le mot clé. Votre vêtement doit être ample et confortable. S'il fait froid, assurez-vous qu'il soit assez chaud, surtout quand les séances de méditation s'allongent. S'il fait chaud, mettez quelque chose de léger, mais quelle que soit la température, les textiles naturels sont préférables aux matières synthétiques. Certains aiment se doucher avant leur séance, y voyant un rituel calmant et purificateur, d'autres aiment s'asseoir nus, même dehors, s'ils ont un abri dans leur jardin. Pour certains, la nudité est une gêne, d'autres auront peut- être du mal à trouver un peu d'intimité. Sauf si vous pratiquez la méditation nu, assurez-vous que ce que vous portez renferme une signification symbolique qui guidera l'esprit vers la méditation.

La couleur est un moyen d'introduire des connotations symboliques. En Occident, le blanc est considéré comme symbole de pureté et de transcendance. Les couleurs safran et auburn, préférées des Hindous et de certains groupes bouddhistes, représentent le soleil et l'éclaircissement, alors que dans la religion chrétienne, le pourpre est la plus sacrée de toutes les couleurs, représentant la majesté de Dieu. Le vert est une couleur plus païenne, plus terrestre ; le bleu, c'est la tranquillité, l'espace. Ces associations, loin d'être arbitraires, représentent certains des effets des couleurs sur notre esprit. Choisissez une couleur qui vous parle, même si vous n'avez qu'un foulard ou un accessoire de cette couleur. Portez-la chaque fois que vous méditez.

Certaines formes véhiculent aussi une signification spéciale. Ainsi une cape est un symbole d'intimité – la porter, c'est vous retirer dans la méditation. Une ceinture ou une corde autour de la taille symbolise le lien entre l'homme et le divin. Une écharpe, comme on les trouve dans les cérémonies de bouddhisme tibétain, symbolise l'acte d'offrande – une offrande de vous-même à l'esprit éclairé, qui dit-on se trouve en chacun de nous et qui est révélé grâce à la méditation. Les pieds nus représentent l'humilité et le renoncement aux choses terrestres.

Les ornements, par exemple les colliers, sont aussi un moyen d'utiliser les symboles. Certains choisissent un collier avec la pierre de leur naissance, d'autres optent pour de simples perles en bois ou un pendentif doté d'une signification spirituelle – une croix ou le symbole pour *Om* en sanskrit considéré comme la vibration sonore première qui a animé l'univers. Certains ornements ou vêtements ont des connotations religieuses ou spirituelles bien connues, alors que d'autres peuvent avoir un symbolisme plus personnel. Quel que soit l'objet choisi, réservez-le uniquement à la méditation, il vous aidera à vous concentrer. Après la séance, quittez votre vêtement de méditation.

Le monde qui bouge

Nous avons déjà parlé de la cadence frénétique de la vie moderne et des distractions constantes auxquelles nous sommes confrontés. Elles attirent l'esprit dans différentes directions l'empêchant de se consacrer pleinement à un stimulus ou à un cheminement de pensée spécifique. Au fil des ans, la méditation entraîne l'esprit et le méditant peut être assis tranquille tout en restant hermétique à toute activité frénétique. Dans certaines traditions, le professeur introduit volontairement des distractions pour évaluer les progrès de ses élèves en observant leurs réactions. Un de mes professeurs de l'école Nyingma (la plus vieille du bouddhisme tibétain) avait l'habitude pendant la séance de pousser un cri comme un coup de fouet à des moments imprévisibles pour observer si l'un de nous tressaillait. À d'autres moments, il claquait deux planches l'une contre l'autre déclenchant un bruit ressemblant à un coup de feu et bien que mon corps ne bougeait pas, je ne peux vous assurer que quelque chose ne sursautait pas au plus profond de moi !

Il est vrai que cette capacité à rester assis, malgré les distractions extérieures, exige une longue expérience et il est important de mettre en place, dès le début, des stratégies claires pour les gérer : la méditation 7 vous donne des indications générales. Il faut aborder celles provoquées par la douleur et le malaise physique. Dans la

MÉDITATION 7 : **Gérez les distractions extérieures**

Pendant que vous gérez les distractions issues de votre environnement, abstenez-vous de chasser la distraction. Les tentatives délibérées de rester impassible face à elles sont toujours vouées à l'échec. Les méditations suivantes ont pour but de vous aider à développer une technique de maîtrise de ces distractions.

1 *D'abord, laissez la distraction se manifester dans votre esprit, de la même manière que vous observez vos pensées.*

2 *Ensuite, comme pour vos pensées, restez un observateur plutôt qu'un acteur. Ne vous laissez pas dominer par la distraction sinon vous en devenez une partie active.*

3 *S'il s'agit d'un bruit soudain venant de la rue, laissez la distraction être ce qu'elle est plutôt que d'essayer d'identifier si c'est une tondeuse ou un outil électrique et quel voisin est responsable de ce bruit.*

4 *Ne réagissez pas émotionnellement à la distraction extérieure. En la jugeant agréable ou désagréable, ou en vous agaçant du bruit de vos voisins ou de votre famille, vous ne ferez qu'augmenter les chances de vous détourner de la méditation. C'est un bruit, rien d'autre.*

MÉDITATION 7 : *suite*

5 *Ensuite vous sentirez peut-être la distraction s'estomper à l'arrière-plan. Comme pour la douleur, elle est là, mais elle n'est plus gênante. Si elle ne s'estompe pas, prenez-la néanmoins comme une expérience enrichissante pour votre méditation et si vous réussissez à rester impassible, c'est un signe de progrès substantiel.*

6 *Pour finir, n'abandonnez pas une séance de méditation à cause d'une distraction, si c'était le cas, la distraction aurait gagné. On dit parfois qu'il vaudrait mieux s'accommoder de la distraction plutôt que de se crisper dessus. L'expérience vous apprendra à reconnaître ce que cela signifie.*

méthode *vipassana* du bouddhisme Theravada, on nous apprend à supporter la douleur et l'inconfort. Aux premières étapes de la méditation, l'exercice vous permet de bouger lentement si la douleur devient insupportable. Frottez l'endroit qui vous fait mal (quelquefois, j'ai tendance à avoir des crampes dans les pieds et les jambes), mais n'interrompez pas le flux de la méditation. Quand vous changez de position, soyez conscient du mouvement, puis de votre main massant doucement la douleur, mais ne vous laissez pas distraire par des pensées sur la distraction. Quand la douleur s'atténue, reprenez lentement votre position.

Si vous essayez d'atténuer une douleur persistente par la méditation, utilisez la douleur comme objet central de la méditation et observez-la régulièrement et objectivement. C'est une douleur mais vous n'êtes pas la douleur, la douleur est là mais elle ne doit pas vous perturber. Le professeur de méditation bouddhiste vous dira que le résultat de cet acte de pure observation est que la douleur deviendra subitement « vide », par exemple elle devient quelque chose qui est en train d'arriver mais qui n'existe pas en dehors de votre esprit, qui dépend de votre esprit et donc peut être ignoré, et qui n'a pas de signification réelle en dehors de celle que vous lui attribuez. Cela vous aide à ignorer la douleur, à y attacher moins d'importance.

Il vous faudra du temps pour avoir cette attitude envers la douleur, n'attendez donc pas de succès immédiat. Comme tous les aspects de la méditation, la patience et la persévérance sont primordiales. Mais le fait de vous être ainsi concentré sur la douleur vous permet ensuite d'en détourner l'attention méditative. Après cette expérience de « vide », les gens ont tendance à dire que « la douleur est présente, mais qu'elle ne les dérange plus vraiment. »

La méditation développe notre concentration, ce qui en retour peut améliorer nos pouvoirs de mémoire. Nous nous plaignons tous, de temps en temps, de nos souvenirs, pensant quelquefois à tort que nous nous souvenions bien mieux des choses quand nous étions enfants que nous ne le faisons aujourd'hui. Mais on nous bombarde si souvent d'informations, de sensations et d'expériences que nous n'avons pas le temps d'enregistrer les choses. Malgré toute sa complexité, la vie des enfants est en fait bien plus simple que la nôtre. Non seulement, ils ont à se souvenir de moins de choses mais souvent ils font preuve de plus de concentration et d'enthousiasme que les adultes face aux événements intéressants.

La méditation 8 explique comment les techniques d'attention associées à la méditation peuvent progressivement s'intégrer à notre vie quotidienne, avec des qualités évidentes d'efficacité et de réussite. Nous pouvons résumer ce que ces techniques nous enseignent en disant que la méditation nous permet d'absorber le monde plutôt que de l'effleurer.

MÉDITATION 8 : **Prenez conscience des trous de mémoire**

La première partie de cette méditation vous aide à reconnaître combien votre mémoire est faillible, qu'il s'agisse des évènements de votre enfance ou d'évènements plus récents. La seconde partie montre à quel point l'attention peut améliorer les choses.

1 *Pensez à votre enfance. Vous vous êtes rendu à l'école des milliers de fois. De combien de ces trajets vous souvenez-vous (la moyenne, même parmi les jeunes adultes est d'une douzaine de fois) ? Maintenant essayez de vous souvenir de tout ce que vous avez fait il y a une semaine jour pour jour.*

2 *Pendant cinq minutes chaque jour (plus si vous le souhaitez) commentez silencieusement ce que vous êtes en train de faire. Juste avant de vous coucher, vérifiez ce dont vous vous souvenez de ces cinq minutes par rapport à un autre épisode de la journée.*

Vous pouvez également développer votre attention ainsi que votre mémoire en prenant l'habitude de vous remémorer les évènements. De nouveau, juste avant de vous coucher, essayez de vous souvenir des évènements de la journée à partir de votre réveil.

Absorber le monde

Le bouddhisme utilise la méditation pour rediriger notre perception du monde afin que nous vivions la réalité à un autre niveau au lieu d'être dupés par les apparences extérieures et par les idées reçues qu'elles transmettent. Dans le bouddhisme, cette absorption du monde est la vision de la vraie nature des choses.

Nous nuisons à cette capacité en faisant une distinction trop prononcée entre nous et le reste de la création, comme si nous n'existions pas au-delà de notre enveloppe charnelle. En réalité, du point de vue corporel, nous dépendons du monde extérieur (air, nourriture, eau) et y retournons. De plus, les métaux et les matières chimiques constituant notre corps sont identiques à ceux présents dans le monde environnant. Du point de vue intellectuel, comme expliqué plus haut, notre impression du monde extérieur ne survient que dans les limites de notre esprit.

Notre incapacité à reconnaître ces faits explique notre manque de gratitude envers le monde naturel. Ce manque de gratitude nous limite et nous diminue en tant que personnes, nous poussant à traiter l'environnement comme s'il n'était rien de plus qu'une ressource à piller et une poubelle à remplir. En nous aidant à abattre les barrières artificielles dressées entre le monde et nous, la méditation nous aide à développer cette gratitude et à prendre conscience de l'aspect sacré de la création.

MÉDITATION 9 : **Prenez conscience du temps qui s'écoule**

Nous vivons dans un monde hanté par le temps, mais « le temps » est juste un concept inventé pour expliquer le changement, ou non-permanence dans le bouddhisme. Rien ne reste pareil. La méditation nous aide à voir la vraie nature des choses et donc nous devons devenir pleinement conscients du changement. Observer sa respiration est un bon moyen de prendre conscience de celle-ci, une technique méditative que nous utiliserons beaucoup dans ce livre.

- *Placez votre main gauche (main droite pour les gauchers) sur votre abdomen. Sentez-le se soulever et s'abaisser à chaque souffle. Soyez conscient de ce va-et-vient continuel. Chaque souffle une fois expiré est tout aussi irrécupérable que le premier instant de la création.*

MÉDITATION 10 : **Prenez conscience de la relaxation**

Les tensions nous envahissent insidieusement au fil des années jusqu'à devenir habituelles. En nous amenant à prêter attention à notre corps, la méditation nous aide à reconnaître ces tensions et à les relâcher. Nous pouvons ainsi repérer et relâcher des tensions dès leur apparition. Cet exercice a pour but de vous en faire prendre conscience.

1 *Allongez-vous sur le sol. Tendez puis relâchez chaque groupe de muscles à tour de rôle. Commencez par les muscles des mollets et des cuisses. Continuez en remontant le long du corps puis en redescendant le long des bras et des mains. Maintenez chaque tension un instant avant de relâcher. Soyez particulièrement attentif au dos, aux épaules et au cou.*

2 *Essayez de rester détendu après avoir fini l'exercice.*

Le Soi dormant

La méditation nous aide à sortir du demi-sommeil dans lequel nous passons la plupart de notre vie, mais elle favorise aussi le sommeil. Les méditants dorment plus facilement et plus paisiblement que les non-méditants et ont souvent besoin de moins de sommeil. De plus, la méditation nous donne un meilleur accès au monde du rêve : apprenant à être attentifs à l'état de veille, nous devenons plus attentifs pendant notre sommeil. Les traditions psycho-spirituelles orientales et occidentales prétendent qu'un méditant avancé reste conscient et durant le sommeil paradoxal et durant le sommeil lent profond (état proche de la méditation profonde).

Une conscience des rêves et la capacité à se les remémorer à l'état éveillé aide à abattre les barrières entre le conscient et l'inconscient. Le contenu de nos rêves peut même nous fournir un aperçu de nos soucis quotidiens. De plus, une conscience accrue des rêves facilite l'apparition des rêves lucides dans lesquels le rêveur est conscient de rêver et peut prendre le contrôle et choisir, hormis les détails, l'orientation générale. De tels rêves peuvent enrichir notre vie onirique mais aussi servir à résoudre des problèmes diurnes. D'après l'école Nyingma du bouddhisme tibetain, le sommeil est une répétition générale de la mort et en obtenant le contrôle de nos rêves, nous obtenons le contrôle du processus de mort et de la transition vers l'autre monde.

MÉDITATION 11 : **Soyez conscient des rêves et de leur sens**

Une des techniques d'interprétation des rêves la plus efficace est celle élaborée par Carl Jung. Dans la première partie de cette méditation, vous vous remémorerez vos rêves, dans la seconde, vous utiliserez cette méthode pour interpréter leur signification.

1 *Gardez un carnet près de votre lit pour noter vos rêves. Au réveil, allongé, sans bouger, essayez de vous remémorer votre dernier rêve. Ne forcez pas. Gardez l'esprit ouvert et clair et laissez les bribes de rêve venir d'elles-mêmes. Elles peuvent permettre un souvenir plus complet. Puis, notez-les, qu'elles paraissent illogiques ou non. Au cours de la journée, essayez de repenser à ce que vous avez noté et tentez de revivre l'essence du rêve. Le souvenir se fait aussi plus facilement en vous répétant, en particulier avant de vous endormir, que vous allez vous souvenir de vos rêves.*

2 *Sélectionnez une caractéristique importante du rêve (évènement, personne, scène, couleur) et inscrivez-la sous la forme d'un seul mot au milieu d'une feuille de papier. Puis, dans un cercle autour de ce mot, inscrivez chacune des associations auxquelles ce symbole vous fait penser. Repassez par le symbole avant chaque association au lieu de vous lancer dans une suite d'associations libres (chaque mot menant au suivant). Etudiez vos associations. Que vous disent-elles sur le symbole et par conséquent sur le rêve ?*

Méditation et spiritualité

Ce n'est pas un hasard si les techniques méditatives se sont d'abord développées au sein des grandes traditions spirituelles. Que nous croyions que cela s'est fait au travers de révélations, de visions, de tentatives ou d'erreurs, les traditions sont conscientes depuis des siècles que la méditation donne accès à des niveaux profonds d'expériences internes, reconnus comme spirituels. L'esprit bloque les bavardages intrusifs et accaparants qui souvent le dominent, et il devient conscient des réalités qui transcendent le monde matériel et le continuum espace-temps, réalités décrites comme divines, absolues, ou comme la véritable nature de Soi.

Cependant, il est inutile de méditer avec l'intention délibérée d'atteindre ces réalités spirituelles. Chaque fois que vous voulez que la méditation fasse ou révèle quelque chose, votre conscience pense qu'elle peut faire le travail pour vous. La méditation fonctionne mieux si, dès que vous vous asseyez sur votre coussin, toutes intentions de réussite et de réalisation sont abandonnées. Vous méditez simplement parce que c'est ce que vous faites. De cette façon vous ne faites pas appel à votre conscient.

C'est difficile à comprendre pour l'esprit occidental. Notre éducation nous enseigne que nous ne pouvons réussir qu'en agissant, par la force de la motivation et de la détermination. La méditation nous enseigne quelque chose de très différent. Bien sûr, l'autodiscipline en méditation est nécessaire pour rester focalisé sur le centre d'attention. Mais c'est la seule forme de discipline nécessaire. Le méditant se concentre sur la pratique de la méditation et ce qui surgit, surgit de lui-même. En outre, le méditant n'est pas exulté par ce qui surgit ou attaché à ce qui surgit. Au moment où l'exultation se produit, le conscient reprend le contrôle et l'expérience est gâchée. Ce n'est que, lorsque la méditation est terminée, que le méditant réfléchit à ce qui est arrivé et, si l'expérience a été suffisamment profonde, il remarque les changements qui ont pu s'opérer en lui.

Quels sont ces changements ? Ils peuvent inclure un sens durable de la réalité, de la spiritualité et de la nature illusoire de la mort ; impliquer un sens de l'interconnexion de toutes les choses, un sens de l'amour comme réalité suprême, une perte réjouissante du petit moi égoïste que nous croyons à tort être nous ; impliquer encore un sens accru de la compassion envers toute la création, même le sentiment que malgré les souffrances rencontrées sur terre tout va bien et tout a un sens et un but.

Cela signifie-t-il que la pratique dévouée de la méditation change la vie aussi bien du point de vue spirituel, physique que psychologique ? Pour de nombreuses personnes oui, mais les réponses dogmatiques n'ont pas leur place dans la méditation. Pour résumer l'enseignement de Bouddha sur le sujet, ne prenez rien pour argent comptant. Essayez et voyez ce qu'il advient.

Méditation et comportement éthique

Si la méditation a une dimension spirituelle, est-il possible qu'elle fasse de nous des personnes plus attentionnées et plus humaines ? Beaucoup de méditants le pensent. Un sens accru de la compassion et une conscience de l'amour en temps que réalité ultime ont été mentionnés précédemment parmi les changements qui peuvent se produire chez les méditants fervents. Dans la méditation, la prise de conscience de l'interconnexion de toutes choses et du fait que personne n'est limité à sa peau mène également à une plus grande sensibilité et à un plus grand engagement envers le bien-être des autres et du monde naturel.

Les grandes traditions spirituelles soulignent que pratique spirituelle et comportement éthique sont tous deux essentiels au progrès pour entretenir une relation avec le divin ainsi qu'avec le monde matériel et tout ce qu'il comporte, animaux, plantes et la terre elle-même. Sans eux, notre développement ne peut se faire que dans un sens. Une pratique spirituelle sans comportement éthique peut être la cause des cas rendus publics de professeurs spirituels abusant de leurs élèves, alors que le comportement éthique sans pratique spirituelle paraît incomplet – un individu pourrait se comporter de façon éthique envers sa famille et son groupe culturel mais pas envers les autres ou se comporter de façon éthique envers autrui mais pas envers les animaux, etc.

MÉDITATION 12 : **Développez l'amour bienveillant**

Il existe des exercices de méditation spécialement conçus pour renforcer le développement spirituel et éthique. En voici un, facile à comprendre (mais pas toujours facile à réaliser). Vous pouvez l'essayer avant d'entreprendre les techniques spécifiques des chapitres 2, 3 et 4. Connu dans le bouddhisme sous le nom d'exercice *metta* ou d'exercice de l'amour bienveillant, il s'accorde facilement avec toutes les croyances spirituelles – ou avec aucune d'elles.

1 *Commencez par penser à vos animaux, personnes ou arbres préférés. Si vous le pouvez, visualisez-les et laissez vos sentiments d'amour pour eux faire surface. Imaginez que vous les entourez et les protégez de cet amour.*

2 *Ce sentiment atteint, élargissez le cercle d'amour pour que, tout en restant puissant, il entoure vos proches et les autres personnes ou aspects de la nature qui vous sont chers.*

3 *Renouvelez cette méditation régulièrement.*

MÉDITATION 13 : **Élargissez votre cercle d'amour**

Une fois votre cercle d'amour solidement établi autour de vos proches et de vos amis, vous souhaiterez sans doute élargir votre amour bienveillant jusqu'à inclure toutes les formes de vie.

1 *Refaites la méditation 12. Quand votre cercle d'amour entourant ceux que vous aimez est solidement établi, agrandissez-le de sorte qu'il entoure vos relations et collègues.*

2 *Pour finir, agrandissez le cercle jusqu'à ce qu'il inclue l'ensemble de la création, y compris les animaux, les plantes et même les personnes que vous n'aimez peut-être pas.*

Vous réaliserez peut-être que votre cercle d'amour s'étend volontiers à ceux que vous aimez mais qu'il devient difficile avec vos amis proches et impossible au-delà. Peu importe. Ne vous forcez pas trop pour l'étendre ou l'exercice deviendra artificiel.
Refaites-le régulièrement pour votre famille et vos amis, et ensuite continuez au-delà dès que vous vous sentez à l'aise. Il est vital de vous souvenir que dans cet exercice, comme dans tous les exercices de méditation, vous n'essayez pas de faire tout le travail de façon consciente. Lorsque des niveaux plus profonds de l'esprit prennent conscience de ce qui est en train de se passer, c'est la pratique elle-même qui produit ces résultats.

Chapitre 2

Concentration et pleine conscience

- *Commencer à tenir un journal de méditation*
- *Le sens des mots concentration et pleine conscience*
- *Travailler avec la respiration*
- *Visualiser le souffle*
- *La respiration circulaire*
- *Se concentrer sur les objets*
- *Se concentrer sur les mouvements corporels*
- *Le Soi tendu*
- *Méditation et contemplation*
- *La pratique de la contemplation*
- *La visualisation dans le bouddhisme tantrique*
- *La contemplation compatissante*
- *S'installer dans la pleine conscience*
- *La pleine conscience des actes et du comportement*
- *La pleine conscience en voyageant*
- *Être pleinement conscient des états d'être*
- *La pleine conscience de la nature*
- *La contemplation directe*
- *Établir un programme de méditation*
- *Faire un suivi des jours et des semaines*
- *Quelques informations supplémentaires sur les rêves*

Nous voilà prêts à commencer des exercices plus formels, mais n'oubliez pas que les méditations du premier chapitre restent utiles et doivent être pratiquées autant que celles qui suivent.

Dans le premier chapitre, il est expliqué que la méditation implique de se focaliser et de rester centré sur un stimulus choisi sans se perdre dans l'agitation intérieure. Il a été souligné que l'attention focalisée apprise en méditation devrait être appliquée à la vie de tous les jours, ainsi que les avantages associés pour l'efficacité et le fonctionnement de l'esprit. Dans la vie courante cette attention focalisée est ce qu'on appelle la pleine conscience, la capacité de vouer entièrement son esprit à l'expérience du moment présent.

La pleine conscience nous permet de nous rapprocher plus pleinement de ce que nous vivons : absorber le monde et voir les choses au-delà des apparences et des idées préconçues. Vous réaliserez également que la pleine conscience accroît l'intérêt de la vie. En prenant pleinement conscience de ce qui nous entoure, les choses quotidiennes nous dévoilent des qualités insoupçonnées. Vous découvrirez peut-être même que ces choses revêtent une beauté inattendue qui enrichit l'expérience que nous en avons.

Commencer à tenir un journal de méditation

Maintenant que vous avez décidé quand méditer et que porter, que vous avez installé votre espace de méditation, vous avez encore besoin d'un élément bien utile, un journal de méditation. N'importe quel carnet fera l'affaire, mais il est conseillé de considérer ce qui concerne la méditation comme un peu particulier et donc de se procurer un carnet cartonné résistant et de bonne qualité.

Le journal ne sert pas uniquement à noter vos expériences au cours des séances de méditation soutenue auxquelles nous allons venir dans un instant. Utilisez-le pour noter des informations que vous jugez pertinentes sur la méditation ainsi que des extraits d'ouvrages utiles qui vous intéressent : poèmes, extraits de la Bible, du Coran, des Écritures hindouistes et des Sutras bouddhistes. Ecrivez lisiblement afin d'apprécier leur valeur et de vous donner envie de les relire régulièrement. Utilisez la couleur qui vous paraît convenir le mieux à ces extraits.

Garder une trace de vos expériences au cours de chaque séance de méditation est d'une valeur toute particulière. Cela vous encourage à continuer (il est utile de relire des commentaires enthousiastes si vos séances sont devenues sporadiques – quand et pourquoi avez-vous perdu votre enthousiasme ?) et vous permet de suivre vos progrès.

Je n'entends pas par là des progrès apparents constants. En méditation le « progrès » n'est jamais une courbe montante, c'en est d'ailleurs un des aspects frustrants. Une séance peut sembler se dérouler merveilleusement bien : votre esprit reste clair et concentré, vous avez la nette impression d'être devenu un méditant aguerri, mais le lendemain votre esprit s'égare de nouveau et vous semblez avoir reculé de plusieurs semaines. Notre capacité à nous poser et à éclaircir notre esprit dépend, parfois même beaucoup, de la journée que nous avons eue, ou qui nous attend, et si nous parvenons à garder l'esprit posé, ne serait-ce que quelques secondes au cours d'une journée chaotique, alors nous en aurons peut-être appris davantage sur la méditation qu'au cours des séances où tout semble bien se dérouler.

Faites un suivi du contexte de chaque séance dans votre journal, reliant ainsi votre méditation à ce qu'il se passe autour de vous et essayez d'être aussi précis que possible sur la méditation elle-même. Il n'est pas très utile d'écrire simplement que vous avez eu une bonne séance. Qu'y a-t-il eu de bien ? Si la séance semble s'être mal passée, qu'y a-t-il eu de mauvais ? Le problème vient-il du fait que la nouveauté de la méditation a disparu et que la séance était sommaire et décousue ? Que pouvez-vous faire pour améliorer la situation ?

Vous pouvez illustrer votre journal si cela vous aide à clarifier vos expériences méditatives.

Le sens des mots concentration et pleine conscience

Comme vous avez beaucoup appris sur la méditation, passons à présent à la mise en pratique davantage instructive. Prêt, assis dans votre espace de méditation, votre minuteur programmé sur 5 minutes, vous fermez les yeux (la méditation les yeux ouverts vient plus tard ; il est préférable de garder les yeux fermés au début). Vous décidez de vous concentrer sur votre respiration, que nous verrons en détail dans la prochaine section, puis vous commencez. Mais aussitôt une question se pose : qu'entendons-nous par concentration ? S'agit-il de celle qui était requise à l'école, pleine de détermination acharnée ? Non, en méditation, ce n'est pas une détermination acharnée qui garde l'esprit posé et concentré, mais plutôt sa propre capacité à devenir conscient une fois que nous cessons de le déranger et de le bombarder d'un flot ininterrompu de pensées. Comment arrêter ce flot des pensées ? N'essayez même pas. Si vous voulez vous rendre compte de l'impossibilité de stopper vos pensées (tout le temps que vous n'êtes pas un méditant aguerri), essayez de ne penser à rien pendant toute une minute. Très peu de personnes y parviennent. C'est pourquoi, en méditation, vous laissez vos pensées apparaître à leur guise sans plus leur accorder d'attention parce que vous êtes concentré sur votre respiration ou sur un autre stimulus de votre choix. Les pensées surgissent et disparaissent comme des bulles dans une bouteille. Qu'elles fassent ce qu'elles veulent, votre attention est ailleurs. Si une pensée vous distrait un instant, laissez-la doucement partir et retournez à votre point d'attention. Ne vous sentez pas frustré ou impatient envers vous-même. Frustration et impatience ne font que perturber l'esprit et vous poussent à abandonner la méditation de dépit ou de colère.

Ainsi, en méditation, l'esprit reste léger plutôt que lourd et garde son point d'attention, le surveillant attentivement en étant détaché. Ce point d'attention est là pour vous éloigner des préoccupations aléatoires de l'esprit et vous mener vers un espace clair où les pensées, qu'elles surgissent ou non, ne gênent pas et peuvent même cesser un certain temps. Avec la pratique, la concentration sur le point d'attention est facilitée.

Il en est de même avec la pleine conscience dans la vie quotidienne. Dans ce cas, le point d'attention est dirigé sur ce que l'on est en train de faire et non perdu dans des pensées qui ne sont que peu ou pas liées à l'activité en cours. Si penser est une caractéristique essentielle de l'esprit, le problème reste la réflexion désorganisée. Quand réfléchir est nécessaire, la pleine conscience permet de développer une capacité de penser productive et créative (la créativité prospère lorsque l'esprit est ouvert et réceptif). Vous devenez alors pleinement conscient de vos propres pensées et de ce que vous essayez de faire.

Travailler avec la respiration

Une fois installé sur votre coussin, le dos droit, les jambes croisées, les mains jointes sur les genoux et les yeux fermés, la méditation commence. Dirigez votre attention vers la zone entre votre lèvre supérieure et votre nez, là où l'air paraît frais lorsque vous inspirez et chaud lorsque vous expirez, et maintenez votre attention à cet endroit tout au long de la séance de méditation. Ne prêtez aucune attention aux pensées ou aux émotions qui vous viennent à l'esprit. Comme nous l'avons dit précédemment, elles vont et viennent comme des bulles dans une bouteille ou comme les nuages qui traversent le ciel, elles sont une activité séparée de l'esprit qui ne vous distrait pas. Pour vous, l'esprit est concentré sur la sensation légère d'inspiration et d'expiration.

Si vous ne parvenez pas à sentir cette sensation juste au-dessous du nez, déplacez votre attention à l'intérieur du nez où vous pourrez la sentir. L'emplacement exact n'a pas d'importance, mais résistez à la tentation de suivre le souffle jusqu'aux poumons. Restez concentré sur l'emplacement choisi. Si votre attention commence à s'égarer, ramenez-la doucement à votre respiration. On dit souvent que vous devez agir comme une sentinelle aux portes d'une ville qui ne quitte jamais son poste et surveille attentivement tout ce qui entre et sort par ces portes. Le souffle est un bon point d'attention pour différentes raisons. Premièrement, la respiration nous accom-

MÉDITATION 14 : **Découvrez la nature de votre respiration**

La respiration dépend du fonctionnement du diaphragme, le plus grand muscle du corps situé juste au-dessous des poumons et au-dessus du plexus solaire. Le plexus solaire est, en dehors du cerveau, la plus grande concentration de tissus nerveux de l'organisme. La respiration profonde – c'est-à-dire aller chercher sa respiration le plus bas possible et non pas respirer à fond – apaise ce que l'on appelle parfois le second cerveau. Grâce à cette méditation, observez et corrigez votre respiration.

1 *Assis ou allongé, respirez normalement, et observez ce qui se produit. Votre respiration vient-elle du haut de votre poitrine ou du plus profond de votre abdomen ?*

2 *Concentrez-vous sur votre diaphragme et essayez de faire descendre votre souffle jusqu'à la base des poumons. Ils peuvent se dilater beaucoup plus à cet endroit que plus haut à l'arrière des côtes.*

3 *Maintenant dirigez votre attention vers la texture de votre respiration. Est-elle douce et rythmée ou hachée et saccadée ? Est-elle silencieuse ou bruyante ? La décririez-vous comme douce ou heurtée, régulière ou irrégulière ?*

4 *Après avoir identifié les défauts de votre respiration, passez quelques minutes à les corriger en les travaillant à tour de rôle.*

pagne du berceau jusqu'à la mort. Sans souffle, nous mourrions en quelques minutes. Deuxièmement, léger et transparent, le souffle est un parfait symbole du monde spirituel invisible. Troisièmement, le souffle unifie corps et esprit : immatériel comme l'esprit, il maintient le corps en vie à chaque instant. Quatrièmement, le souffle représente notre absorption du monde extérieur et donc l'unité entre extérieur et intérieur. Enfin, en apaisant notre souffle nous calmons notre esprit et notre corps.

Cette méthode d'observation du souffle était enseignée par Bouddha, le prince des méditants. C'est le fondement de toutes les méthodes de méditation. Si vous ne devez utiliser qu'une méthode choisissez celle-ci. Même en utilisant d'autres méthodes expliquées plus loin dans le livre, il est toujours bon de commencer chaque séance en vous concentrant quelques minutes sur la respiration.

Si vous préférez, vous pouvez vous concentrer sur votre abdomen qui se soulève et s'abaisse à chaque souffle plutôt que sur le point d'entrée et de sortie de vos narines. Essayez les deux variantes si vous le souhaitez, mais ne passez pas de l'une à l'autre au cours d'une même séance et une fois que vous avez trouvé celle que vous préférez, il vaut mieux ne plus changer de technique. Il est très tentant en méditation d'imaginer qu'il y a toujours une meilleure technique que celle que vous utilisez. Évitez la tentation. La constance est un des éléments essentiels pour une bonne pratique de la méditation.

15: **Prenez pleinement conscience de la respiration**

Maintenant que vous avez identifié et corrigé vos mauvaises habitudes respiratoires, essayez d'avoir de bonnes habitudes durant la journée.

- *Prêtez attention à ce qui se produit sur votre respiration lorsque vous devenez anxieux, agité ou quand vous vous mettez en colère. Votre respiration s'accélère-t-elle et devient-elle moins profonde ? Faites l'effort conscient de la ralentir et de l'approfondir.*

- *Prêtez attention à l'effet qu'ont certaines activités sur la respiration. Que se passe t-il quand vous buvez du café ou de l'alcool ? Si vous êtes fumeur, que se passe-t-il quand vous inhalez ? Que se passe- t-il lorsque vous vous relaxez ? Combien de temps votre respiration metelle à redevenir normale après un effort ?*

- *Essayez de prendre pleinement conscience de votre respiration. Développez gratitude et respect pour l'air que vous respirez et pour le corps qui effectue la respiration.*

MÉDITATION 16 : **Parlez et respirez**

Prêtez une attention toute particulière à la relation entre la parole et la respiration. Les deux activités sont étroitement liées parce que nous utilisons l'expiration pour parler.

1 *Vous remarquerez que les personnes qui parlent vite et de façon saccadée respirent vite et de façon saccadée. Les personnes qui parlent avec fluidité, respirent également avec fluidité.*

2 *Prêtez également attention à ce qu'il se passe quand vous êtes interrompu au milieu d'une phrase. Retenez-vous votre souffle après avoir retenu le flot des paroles ? Retenir son souffle de cette manière est une des causes majeures des tensions qui s'accumulent souvent lorsque nous sommes engagés dans des conversations, surtout des conversations stressantes, ou lorsque plusieurs personnes essaient de parler en même temps.*

3 *Faites consciemment l'effort de détendre votre respiration au cours des conversations et perdez surtout l'habitude de contrôler et de retenir votre souffle. Rien ne devrait empêcher une respiration douce et régulière.*

MÉDITATION 17 : **Respirez pour être en bonne santé**

En dehors de la correction de vos mauvaises habitudes respiratoires, n'essayez pas de changer votre façon de respirer – comme par exemple dans certains exercices de yoga – sans avis médical ou sans l'aide d'un professeur qualifié. Cependant, la respiration alternée est sans risque et même efficace pour dégager les sinus et aider à prévenir les infections respiratoires.

- *Bouchez-vous une narine à l'aide de votre pouce et inspirez normalement par l'autre narine. Maintenant libérez la première narine, utilisez-la pour expirer tout en bouchant la seconde narine à l'aide de votre majeur. À la respiration suivante, inspirez par la narine libre puis libérez et respirez par l'autre narine.*

- *Si nécessaire, cet exercice peut parfois être utilisé durant toute une séance de méditation.*

Visualiser le souffle

On peut utiliser ensemble souffle et visualisation pour aider le corps à se détendre et favoriser la guérison en méditation. Toutes les grandes traditions spirituelles et mystiques considèrent la faculté de visualiser comme une aide importante au progrès spirituel. Plus récemment, des psychologues sportifs ont découvert que les gens accomplissent de meilleures performances s'ils sont capables de visualiser leur succès à l'avance (exécuter le coup parfait au golf, gagner la course ou réaliser le plongeon parfait). La visualisation paraît aider à programmer l'esprit et le corps pour obtenir le résultat escompté.

Le moyen le plus facile d'utiliser à la fois la visualisation et la respiration est d'imaginer une lumière blanche énergisante et réparatrice entrer par les narines à l'inspiration et d'imaginer l'obscurité et la fatigue expulsées à l'expiration. S'il y a une affection spécifique dans le corps, on peut visualiser la lumière blanche traversant le corps jusqu'à la zone concernée, tandis que la cause de l'affection sort à l'expiration. Cet exercice doit être utilisé en plus de et non au lieu de la séance de méditation normale durant laquelle l'attention reste concentrée sur un point. Ces deux formes de méditation ont des buts différents bien que les pouvoirs d'attention développés dans la méditation normale soient une aide importante pour la méditation réparatrice.

18 **Visualisez le souffle à l'aide des couleurs et des *chakras***

En plus de votre séance de méditation habituelle, essayez cette méditation où vous devez visualiser certaines couleurs. Nous ignorons pourquoi elles ont un impact aussi important sur l'esprit et même sur le corps, néanmoins cet impact existe. Cette méditation utilise les *chakras*, complexes énergétiques non-physiques situés dans différentes parties du corps. Chaque *chakra* est associé à une couleur. Nous ignorons pourquoi l'activation de ces *chakras* procure des sensations de bien-être, mais l'effet bénéfique est là.

- *Commencez par visualiser la couleur rouge (imaginer un objet, ici par exemple une rose rouge, aide à visualiser) pénétrant votre corps à l'inspiration et s'écoulant jusqu'au* chakra *racine situé au niveau du périnée (zone juste derrière les organes génitaux). Une fois cette visualisation bien établie (après 3 respirations), imaginez l'orange s'écouler jusqu'au* chakra *sacré, juste au-dessous du nombril. Ensuite, visualisez le jaune pénétrant le* chakra *du plexus solaire, suivi du vert qui s'écoule jusqu'au* chakra *du cœur, du bleu jusqu'au* chakra *de la gorge, de l'indigo jusqu'au* chakra *du front et du violet jusqu'au* chakra *de la couronne, en haut du crâne.*

- *La méditation finie, considérez votre corps comme entièrement énergisé et purifié par ces couleurs.*

La respiration circulaire

Tant que vous ne contrôlerez pas votre souffle au niveau des narines (voir p. 58) avec régularité pendant 15 minutes à chaque séance, évitez d'entreprendre d'autres exercices de méditation. Ceux de la méditation 18 peuvent s'effectuer en visualisant le souffle transporté à l'intérieur du corps, non par le nez, mais par le périnée. Cette forme de respiration visualisée, sans l'usage des couleurs et des *chakras*, est appelée respiration circulaire, une autre illustration de notre capacité, mentionnée plus haut, à laisser circuler la conscience dans le corps.

La respiration circulaire, exercice très apprécié des traditions hindouiste et bouddhiste, a deux intérêts principaux. D'abord, il nécessite plus de concentration (paradoxalement, cela facilite la méditation pour certaines personnes), il peut alors augmenter les capacités méditatives. Ensuite, on dit qu'il favorise le déplacement de l'énergie à travers le corps vers la tête, aidant ainsi le méditant à rester assis tout à fait immobile et à transformer la force physique en force spirituelle. Acceptez ou non ce second point, mais dans toutes les traditions occidentales et yogiques on enseigne que les énergies corporelles peuvent suivre le chemin de la visualisation. Nous savons que l'esprit peut influencer le corps et nous croyons qu'il parvient à le faire d'une façon subtile que la science ne peut détecter.

MÉDITATION 19 : **Pratiquez la respiration circulaire**

La respiration circulaire est un autre exercice de la visualisation du souffle.

1 *Commencez par observer votre respiration au niveau des narines. Ensuite, après 12 respirations, imaginez que votre souffle est aspiré vers le haut, au travers du corps, en partant du périnée. À la fin de l'inspiration, le souffle est remonté jusqu'aux narines.*

2 *L'expiration se fait par le nez, mais à présent le souffle longe l'extérieur du corps jusqu'au périnée, où il est de nouveau aspiré à l'intérieur du corps.*

3 *Continuez ce cycle tout au long de la méditation. Pendant que le souffle redescend le long du corps à l'extérieur, il est ré-énergisé puis ramène cette énergie dans le corps.*

Après avoir pratiqué un certain temps, beaucoup disent sentir le périnée devenir frais lorsque l'air réintègre le corps.

Dans la « respiration du talon » chaque respiration est ressentie comme un nouveau souffle qui pénètre par les talons et circule en remontant le corps, puis ressort par le sommet du crâne. Cet exercice est utilisé en plus de la séance habituelle. Il est préférable de le pratiquer allongé sur le dos.

Se concentrer sur les objets

Bien que vous ayez travaillé sur le souffle les yeux fermés, il est important de pouvoir aussi méditer les yeux ouverts, ceci pour s'assurer que la pratique de la méditation ne vous isole pas du monde extérieur. Ce n'est une activité ni introvertie, ni extrovertie. Elle n'a pas pour but de vous renfermer trop profondément sur vous-même ou de diriger votre attention uniquement vers l'extérieur. Son but est de vous aider à rester équilibré et stable en toutes circonstances, à être attentif à tout ce qu'il se passe à l'intérieur et à l'extérieur de votre tête, et enfin à passer sans effort d'une activité à une autre, bien installé dans le présent.

Vous pouvez pratiquer votre méditation respiratoire habituelle les yeux ouverts (ou vous pouvez la faire parfois les yeux ouverts, parfois les yeux fermés). Quand vos yeux sont ouverts, gardez les paupières à moitié fermées et les yeux détendus en « demi-focus » sur l'espace devant vous. Vous pouvez aussi concentrer votre attention sur un objet au niveau des yeux plutôt que sur la respiration. Dans ce cas, choisissez l'objet que vous voulez. Plus tard, quand nous décrirons des exercices de contemplation directs, vous préférerez peut-être un objet naturel plutôt que fabriqué par l'homme, mais pour l'instant peu importe.

MÉDITATION 20 : **Méditez sur un objet**

Choisissez un objet qui vous est familier et dont la présence va de soi : par exemple une tasse, une chaise ou une chaussure. Placez cet objet de façon à le voir facilement d'où vous serez assis.

1 *Asseyez-vous comme d'habitude en méditation et concentrez-vous sur la respiration, les yeux fermés. Quand vous vous sentez stabilisé, ouvrez les yeux et faites-les rapidement cligner plusieurs fois. Vous remarquerez le contraste entre le moment d'obscurité quand les yeux sont fermés et le miracle de la vision quand les yeux sont ouverts. Déplacez votre attention de la respiration vers l'objet et regardez-le fixement mais sans effort. Baissez les paupières légèrement, puis clignez le moins possible de l'œil.*

2 *Ne prêtez attention, ni aux pensées qui apparaissent sur l'objet, ni aux sentiments qu'il vous inspire. Ignorez ce que vous en savez. N'émettez aucun jugement sur ses qualités. Voyez-le simplement comme une chose qui occupe l'espace. Enregistrez ses contours, la lumière et l'ombre sur sa surface, les couleurs, les angles, la matière. Voyez l'objet comme si c'était la première fois.*

3 *Vous remarquerez que durant cette méditation vos yeux ont envie de scanner l'objet et de changer la mise au point. Essayez de résister à ces tentations. Regardez fixement devant vous.*

L'objet est un point d'attention et il permet de développer votre aptitude à percevoir le monde. A chaque instant de la journée nous sommes entourés d'objets naturels ou pour la plupart faits par l'homme. Pourtant quelle attention leur portons-nous ? Que connaissons-nous vraiment d'eux, de leur forme, de leur couleur et de leur apparence ? Si nous fermons les yeux, pouvons-nous clairement les visualiser ? Si on nous le demandait pourrions-nous les dessiner correctement de mémoire ? Pourrions-nous les reconnaître s'ils étaient mélangés à des objets similaires ? Vous pourrez choisir un objet familier, mais ce sera peut-être la première fois que vous le verrez et l'absorberez pleinement dans votre esprit.

Au lieu d'utiliser un objet, vous pouvez aussi pratiquer la méditation les yeux ouverts en contemplant le mur. C'est une méthode appréciée de l'école Soto du bouddhisme Zen. Les moines s'assoient autour du hall de méditation et contemplent, chacun en silence et sans ciller, un endroit du mur face à eux. Si vous pratiquez cet exercice, assurez-vous de choisir un mur vide. Un papier peint à motifs ou un mur de photos détournerait votre attention. Ne laissez pas d' « images » apparaître sur le mur. Vous devez voir le mur tel qu'il est, il ne doit être embelli ni par votre imagination ni par des concepts.

MÉDITATION 21 : **Méditez sur la forme et l'espace**

Le monde extérieur est constitué d'espace et de forme, mais nous tendons à penser exclusivement à la forme et à littéralement ignorer l'espace, qui pourtant entoure et définit la forme. Cette méditation est un bon moyen de s'en rendre compte et de développer le sentiment d'unité et d'inter-connectivité de tout ce qui vient de la méditation. Il vous faut une tasse pour cet exercice – peut-être la même que celle utilisée pour la méditation 20.

1 *Prenez la tasse dans vos mains et regardez-la sous tous les angles. Maintenant visualisez-la entourée d'un espace vide et contenant du vide. Quel est le plus important ? La fonction de la tasse, l'espace à l'intérieur et à l'extérieur, ou la forme dont elle est faite ? Serait-ce une tasse sans l'espace ni la forme ?*

2 *Regardez la pièce. Est-ce que ce sont les murs ou bien l'espace que les murs entourent qui font d'elle une pièce ? Lequel est le plus important ? Regardez dehors. Chaque objet est limité par l'espace. Un objet aurait-il une réalité sans l'espace qui l'entoure ?*

On enseigne souvent aux artistes à dessiner non pas l'objet mais l'espace qui les entoure. Ils sont ainsi libérés de tout concept sur son apparence. Une fois les espaces achevés, les objets apparaissent, comme s'ils avaient été dessinés par miracle.

Se concentrer sur les mouvements corporels

La méditation assise est un exercice statique et bien que nous puissions appliquer la majorité de ce que nous apprenons à la vie courante, il se peut que des tensions physiques et psychologiques ainsi que la tendance à l'inattention réapparaissent une fois le corps en mouvement.

Des méditations mobiles ont été créées, entre autres pour y remédier. L'art ancien du *tai chi chuan* est la plus connue. C'est un excellent exercice pour préserver la santé et l'harmonie interne qui développe aussi l'équilibre et la coordination. Il faut des années pour maîtriser de tels exercices qui nécessitent la présence de bons enseignants, et il existe des méthodes plus simples pour acquérir une meilleure pleine conscience ainsi qu'une meilleure conscience de son corps dans tout ce que l'on fait.

La méditation 2 (voir p. 22) attirait votre attention sur des moyens de prendre conscience de votre façon de bouger. La pratique du *Kinhin* peut à présent élargir cette prise de conscience. Les détails pratiques vous sont donnés dans les méditations 22 et 23, mais pour résumer il faut marcher très lentement, à tous petits pas et à chacun de ces pas concentrer son attention sur chacune de ses sensations. En général, il faut mettre les mains contre soi, la main gauche refermée en poing, paume vers le bas

22 : **Concentrez-vous sur la partie inférieure du corps en *Kinhin***

Choisissez un chemin droit où vous pourrez faire 12 pas très courts avant de faire demi-tour. Gardez vos mains comme expliqué précédemment.

1 *Avancez très lentement en plaçant le premier pied de façon à ce que le talon touche les orteils du second pied. Soyez conscient de chacune des sensations dans vos jambes et dans la partie inférieure de votre corps. Sentez le poids passer d'un pied à l'autre.*

2 *Faites le pas suivant aussi lentement, en plaçant les pieds de la même façon et en ressentant toujours chaque sensation.*

3 *Faites ainsi environ 12 pas. Puis, toujours aussi lentement et consciencieusement, repartez sur vos pas. Poursuivez l'exercice jusqu'à 48 pas, ou plus si vous le souhaitez.*

et la main droite refermée sur le poing en le poussant doucement dans l'abdomen, juste sous le nombril.

Le *Kinhin* semble assez facile, mais la plupart d'entre nous marchent si mal que c'est en fait incroyablement difficile à réaliser. Les pieds bougent presque au ralenti, ce qui provoque aussitôt un problème d'équilibre, surtout si le sol n'est pas parfaitement plat. Le corps se sent mal à l'aise et l'esprit répond alors par de l'agacement et de l'impatience, perturbant ainsi la sérénité ressentie. Ce n'est qu'après une certaine pratique que nous nous rendons compte de son efficacité à rééduquer le corps et à encourager l'esprit au développement de la conscience corporelle.

Le *Kinhin* ne peut être pratiqué que quelques minutes par jour, mais c'est un exercice important que vous pouvez effectuer pendant que vous vous déplacez normalement. Observez votre corps le plus possible durant la journée. A part écrire de votre main dominante, privilégiez-vous un côté du corps plutôt que l'autre ? Par exemple, si vous êtes droitier, commencez-vous toujours à marcher ou à monter des escaliers du pied droit ? Ouvrez-vous les portes ou prenez-vous les choses de la main droite ? Si c'est le cas, essayez progressivement de privilégier l'autre côté, avec pour but de parvenir à utiliser autant les deux côtés et à rééquilibrer le corps. Soyez attentif aux autres façons dont vous utilisez inégalement votre corps, exerçant une pression excessive sur certains muscles et n'utilisant pas les autres au mieux.

23 : **Concentrez-vous sur la partie supérieure du corps en *Kinhin***

Lors de votre prochaine pratique du *Kinhin*, concentrez-vous sur la partie supérieure du corps en marchant, les mains comme expliqué p. 72.

1 *Assurez-vous que vos mains sont serrées contre votre corps sans pour autant avoir les bras, les épaules ou le cou tendus.*

2 *Assurez-vous que la partie supérieure du corps est droite, mais détendue et regardez le sol devant vous.*

3 *Trouvez d'où viennent vos problèmes d'équilibre.*

4 *Assurez-vous que votre esprit est ouvert et calme. Essayez-vous de trop rester détendu et en équilibre au lieu de laisser faire le corps ? Si vous rencontrez des problèmes inattendus avec cette méditation, vous impatientez-vous ? Si oui, pourquoi ?*

5 *La prochaine fois que vous essayerez le* Kinhin, *essayez d'être conscient de tout votre corps. Fonctionne-t-il harmonieusement ?*

Les professeurs de méditation Zen alternent souvent *Kinhin* et marche rapide dans leurs instructions pour forcer les étudiants à rester pleinement conscients tout en passant, sans s'y attendre, d'une marche très rapide à une marche très lente.

MÉDITATION 24 : **Méditez sur le mouvement**

Il est bénéfique de méditer de temps en temps sur le mouvement en dehors du corps en complément de la méditation sur le mouvement corporel. Certains professeurs de méditation Zen recommandent à leurs étudiants de méditer près de cascades ou de ruisseaux, le but étant d'éviter de sombrer dans une transe légère et de reconnaître l'aspect éternellement changeant de la réalité. Essayez vous-même si vous le pouvez.

- *Gardez les yeux et la tête immobiles. Ne laissez pas le mouvement hypnotiser ou entraîner votre esprit. Tout change sauf la présence éternelle de l'esprit.*

- *Si vous n'avez pas la possibilité de vous assoir près d'un cours d'eau, vous pouvez imaginer un ruisseau ou une rivière. Cela aura le même effet et développera vos pouvoirs de visualisation. Vous pouvez aussi vous imaginer sur un pont en train de regarder passer en dessous une succession de cavaliers (ou de cyclistes). Enregistrez la forme et les couleurs de chacun d'entre eux, mais ne les suivez pas du regard.*

Le Soi tendu

Alors que notre concentration méditative se développe, il est précieux d'identifier où le corps subit des tensions et pourquoi elles surviennent. De nombreuses tensions corporelles sont directement liées à des expériences présentes et passées. Grâce à la conscience accrue du corps développée en méditation, certains remarquent que leur mâchoire se crispe dans les moments stressants. D'autres remarquent une tension à l'arrière de la tête ou au niveau des tempes, d'autres encore qu'ils rentrent les épaules ou contractent les abdominaux. Pour certains les tensions sont plus internes : poitrine serrée, rythme cardiaque accru, sensation d'angoisse au creux du ventre ou bouche sèche.

Selon de nombreux psychologues, une grande partie de notre personnalité se décide au cours de nos premières années. Certains psychothérapeutes estiment que beaucoup de tensions sont liées à des traumatismes et autres expériences douloureuses du passé et que quand elles sont relâchées, le souvenir de ces expériences, a priori depuis longtemps oubliées, refait surface et participe à la guérison. Ces tensions physiques sont associées à une réaction défensive, panique ou colère, remontant à l'enfance. De telles réactions n'ont plus lieu d'être dans le présent et sont responsables de beaucoup de migraines, de maux d'estomac ou de douleurs en fin de journée.

MÉDITATION 25 : **Identifiez les causes des tensions**

Se remémorer des souvenirs d'enfance peut être douloureux et doit être réalisé avec l'aide d'un psychothérapeute qualifié. Cette méditation est conçue pour trouver les causes possibles des tensions corporelles et non pour révéler des douleurs. Il suffit simplement d'écrire. Vous aurez besoin d'un crayon et de papier.

1 *Écrivez quelques phrases sur un sujet. Étudiez votre écriture. Voyez-vous des signes de tension dans votre façon de former les mots : pression excessive, lettres dentelées et pointues ? Y a-t-il des signes de précipitation comme des lettres à moitié formées ?*

2 *Comment teniez-vous le stylo ? Le teniez-vous trop serré ? Vous sentiez-vous à l'aise ou impatient voire même hostile ? Vous êtes-vous senti enthousiaste à l'idée d'écrire ou peu disposé à le faire ?*

3 *Maintenant repensez à vos années d'école. Vous souvenez-vous de quoi que ce soit pouvant expliquer votre manière actuelle d'écrire ?*

4 *Si vous avez identifié des problèmes avec votre écriture et leurs possibles causes, fermez les yeux et dans un état de méditation, imaginez que vous les laissez tous partir. Délivrez-vous en.*

5 *Maintenant écrivez quelques mots en relâchant le stylo. Voyez-vous une différence ?*

Méditation et contemplation

Les gens ont souvent du mal à différencier méditation et contemplation. Il y a beaucoup de ressemblances, mais également de grandes différences dans leur pratique et leur but.

L'aptitude à méditer aide à contempler. Dans les deux cas, l'esprit est ouvert et se comporte en observateur. Dans la contemplation, comme dans la méditation, le conscient n'essaie pas de prendre le contrôle des pensées. Assis en contemplation, le conscient reste en retrait et permet à des processus créatifs plus profonds de s'installer. La plus grande différence entre les deux est l'aspect plus actif de la contemplation lors de laquelle on suit un raisonnement préétabli ou on explore et examine une idée, une série de concepts ou bien dans laquelle on se concentre sur un symbole significatif. Contrairement à la méditation dans laquelle le méditant ne s'occupe pas de pensées qui surviennent, la contemplation permet à ces pensées d'être identifiées comme des idées qui éclairent le sujet qu'il contemple.

Les Exercices spirituels de Saint Ignace de Loyola est l'un des meilleurs manuel chrétien de contemplation. Il est une part importante de la formation des Jésuites. Dans ces *Exercices*, il est, par exemple, demandé à l'étudiant de contempler la Nativité en visualisant chaque personne présente et en s'insérant dans la scène en temps qu'observateur. Il « entend » ce qui se dit, « voit » ce qui se fait et contemple la souffrance que le Christ va endurer au cours de sa vie sur Terre. Bien qu'il n'y ait pas de parallèle exacte de ces *Exercices* dans les autres grandes traditions, la contemplation joue un rôle majeur dans les pratiques tantriques de l'hindouisme et du bouddhisme.

Le but de la contemplation dans les *Exercices spirituels* est de ressentir en profondeur les qualités et les inquiétudes de ceux qui assistent à la Nativité. La scène est posée, l'étudiant est à l'intérieur et des visions de la scène surgissent de l'inconscient ou d'une source spirituelle extérieure. Une contemplation de cette sorte nécessite une aptitude méditative prononcée, ainsi que des pouvoirs de visualisation. Il n'est donc pas étonnant que l'on dise que l'achèvement des *Exercices spirituels*, qui ne doivent être tentés qu'avec les conseils d'un directeur spirituel qualifié, mènent à des changements spirituels profonds.

Il existe une approche moins compliquée pour les chrétiens qui consiste à contempler la croix tout en restant réceptif aux visions et aux associations venant à l'esprit. L'hindou pourra contempler le symbole *Om*, le son primitif. Un taoïste pourra utiliser le symbole Tai Chi (le Yin et le Yang) ; un bouddhiste contempler la Roue de la Vie représentant les différents degrés de l'existence. Un musulman pourra utiliser la calligraphie du nom d'Allah ; un juif contempler la *Menora*, le chandelier à sept branches représentant la présence divine.

La pratique de la contemplation

La contemplation est un état dans lequel le méditant peut pénétrer à sa guise, non seulement au cours des exercices assis, mais à chaque fois qu'un problème doit être régler. Les problèmes sont souvent résolus par de soudaines révélations de l'inconscient plutôt que par un travail systématique à un niveau conscient. Les psychologues ne sont pas sûrs du véritable processus utilisé, mais il semblerait que lorsqu'un problème est repéré, l'inconscient se met au travail, essayant mentalement une variété de solutions jusqu'à ce qu'une d'entre elles semble appropriée. Elle est alors transmise au conscient. Cela semble également être le cas des intuitions créatives. Le conscient reconnaît une idée utile selon le type d'art concerné, puis suit une période d'incubation au niveau inconscient avant que des moyens de mettre l'idée en pratique n'illuminent la conscience. Ceci se produit également dans les sciences qui utilisent les intuitions créatives autant que les arts. En faisant taire le conscient et en permettant un meilleur accès à l'inconscient, la méditation rend ce processus possible. La contemplation va encore plus loin, puisqu'elle donne à l'esprit « une graine » à partir de laquelle travailler.

Quand on utilise la contemplation pour régler un problème de la vie courante, il n'y a pas de tentative particulière pour choisir à l'avance le meilleur type de solution. L'esprit reste juste attentif

MÉDITATION 26 : **Contemplez un symbole**

La meilleure façon de pratiquer la méditation est d'utiliser un symbole, comme par exemple la célèbre croix celte, sur laquelle est superposé un cercle avec son centre au croisement des bras de la croix et sa circonférence à l'intérieur des quatre points de la croix. Cette croix est utilisée par certains groupes chrétiens, mais son origine est antérieure à la Chrétienté et suggère donc une signification universelle. Carl Jung a fait remarquer que les symboles, contrairement aux logos et aux marques qui apparaissent dans le conscient, surgissent spontanément de l'inconscient collectif universel. Ils nous fournissent ainsi des clés pour retourner dans notre inconscient.

1 *Peignez ou dessinez la croix celte sur une feuille de papier et mettez-la devant vos yeux. Entrez en méditation et concentrez-vous sur votre respiration pour vous centrer. Une fois prêt, ouvrez les yeux comme dans la méditation 20 (voir p. 69), et fixez la croix l'esprit ouvert. Si des pensées sans lien avec le symbole surgissent, ignorez-les.*

2 *Restez ainsi tout au long de la contemplation sans penser au symbole ni essayer de « l'interpréter ». Contemplez-le simplement.*

3 *Au bout d'un certain temps des idées peuvent se mettre à surgir. Regardez-les alors mentalement pour bien les garder en mémoire.*

au problème – l'examinant en fait, s'il engendre des questions concrètes – et permet l'émergence de solutions. Si elles n'apparaissent pas, l'esprit laisse le problème à l'inconscient et se tourne vers autre chose. Le simple fait d'avoir considéré le problème enclenche la recherche d'une solution ou résolution, qui n'apparaîtra peut-être pas avant des jours, des semaines ou même des mois – voire parfois des années – plus tard.

Il apparaît clairement que nous n'utilisons qu'une toute petite partie de notre potentiel spirituel. On ne sait pas très bien pourquoi, alors que nous avons mis au point d'extraordinaires pouvoirs mentaux. Mais, la méditation et la contemplation nous donnent sans aucun doute accès à davantage de ces pouvoirs mentaux. Gurdjieff, sage des temps modernes, dit un jour que chacun d'entre nous vit dans une belle maison mais que la plupart ne quitte pas le sous-sol. Carl Jung utilisa une métaphore similaire. Il n'est pas surprenant que des professeurs tels que Gurdjieff ou Jung et d'autres enseignants mystiques et spirituels de tous âges nous somment de nous réveiller. L'alternative est de traverser la vie à demi endormi, étrangers à nous-mêmes.

Tout comme la méditation, la contemplation implique une certaine clarté d'esprit. Au lieu d'une volonté inflexible, l'esprit atteint un état de vigilance et de pleine attente. On ne sait pas ce qu'on attend, mais on le reconnaît lorsqu'il nous vient à l'esprit.

La visualisation dans le bouddhisme tantrique

Dans le bouddhisme tibétain, les tantras impliquent l'usage de visions intenses afin de développer les qualités dites latentes de l'homme – compassion, sagesse et finalement l'esprit éclairé. Ma première expérience de tantra s'est déroulée après une entrevue avec un lama tibétain. Nous avons parlé une heure dans sa cellule silencieuse sans mentionner la pratique. Ce soir-là dans ma méditation, à ma grande surprise, je suis devenu intensément conscient d'une présence assise près de moi. Comment pouvais-je en être conscient à ce point alors que j'avais les yeux fermés ? En tout cas, je l'étais. À la fin de la méditation, cette présence s'est élevée au-dessus de moi, a traversé mon crâne et s'est posée dans mon cœur. Cette expérience m'a paru objective et remarquable. Je l'ai plus tard citée à des élèves du lama qui m'ont expliqué que j'avais ressenti la propre pratique du lama, le guru yoga.

La science occidentale ne peut expliquer ces expériences ; les traditions psycho-spirituelles, elles, les acceptent comme évidentes. Le bouddhisme tibétain ne différencie pas forcément expérience intérieure et extérieure, mais cette fois-là mon exercice est passé spontanément d'un point d'attention méditatif intérieur à une contemplation externe. Ne forcez pas de telles expériences et ne vous y cramponnez pas, cela bloquerait leur apparition.

MÉDITATION 27 : **Contemplation tantrique**

1 *Si vous êtes débutant, fermez les yeux. Entrez en méditation, centrez-vous en vous concentrant sur votre souffle, puis imaginez une personnalité révérée assise en face de vous (un saint ou bodhisattva, Bouddha ou le Christ ou une personnalité historique dont vous admirez les qualités). Visualisez de la façon la plus détaillée possible.*

2 *Maintenant voyez les qualités rayonner que vous aimeriez avoir – amour, sagesse, etc. Passez toute la méditation à contempler cette personnalité et ces rayonnements.*

3 *Vers la fin de la méditation, visualisez la personnalité s'élever au-dessus de vous, puis déposer toutes ces qualités dans votre cœur.*

Peu importe que vous pensiez que cet exercice est simplement un moyen de développer des qualités qui sont déjà en vous, ou que vous ayez l'impression d'obtenir une aide extérieure. L'important c'est que l'exercice contribue efficacement au développement personnel et spirituel. Certains professeurs soulignent qu'il faut oublier la différence entre l'intérieur et l'extérieur et comprendre que toutes les choses sont liées.

La contemplation compatissante

La compassion est l'une des qualités les plus importantes qui peut être suscitée au travers de la contemplation. Nous nous sommes penchés sur l'amour bienveillant dans le chapitre 1 (voir méditation 12 et 13, pp. 50 et 51) qui implique que l'on étende à nos amis les sentiments d'amour que l'on ressent pour notre famille, puis qu'on les étende à nos connaissances et collègues, y compris ceux que l'on n'aime pas et enfin au monde entier.

La contemplation compatissante provoque un effet similaire. Elle est d'une grande valeur car elle peut être concentrée efficacement sur les animaux et les plantes. La compassion devrait couvrir tous les êtres doués de sensations et même l'environnement physique. Les hommes ont toujours cru en l'infériorité des animaux et des plantes parce que cela les arrangeait, cela nous permet de les exploiter à notre guise ainsi que l'environnement, que nous estimons pouvoir « développer » et piller aveuglement. En réalité, nous partageons le monde avec les animaux et les plantes dont notre survie dépend – nous dépendons aussi de la Terre qui fournit les matières premières nécessaires à la vie des hommes, des animaux et des plantes.

La pratique de la méditation conduit en soi à une augmentation de la compassion, parce qu'elle nous permet d'être en har-

MÉDITATION 28 : **Contemplez la souffrance des animaux**

Dans cette méditation c'est la souffrance elle-même plutôt que ses causes ou ses remèdes qui doit être contemplée, spécialement celle endurée par les êtres vivants sensibles, animaux et plantes.

1 *Concentrez-vous sur les animaux, sur une espèce en particulier ou sur l'idée des animaux en général. N'essayez pas de commencer par réfléchir à leurs spécificités. Pensez juste à l'animal en question et voyez quelles images mentales apparaissent.*

2 *Une fois ces visualisations établies, permettez l'apparition de connaissances sur les qualités des animaux.*

3 *A présent contemplez leurs souffrances, les nombreuses espèces éteintes, la souffrance des animaux de ferme, celle des animaux tués pour le sport, des animaux élevés pour leur fourrure et de ceux utilisés pour des expériences. Contemplez aussi la souffrance causée par la perte de leur habitat naturel.*

4 *Terminez la méditation en couvrant tous les animaux de compassion. Voyez-les recevoir cette compassion, et comment celle-ci allège leur souffrance.*

5 *Remarquez comme la méditation a augmenté votre prise de conscience sur la façon dont les hommes exploitent les animaux.*

monie tout d'abord avec nous-mêmes, puis par extension avec le reste de la création. En outre le méditant voit de plus en plus au travers de cette construction égotiste superficielle que nous croyons à tort être, et par conséquent la sensibilité, la prévenance et la compassion se développent naturellement à la place de l'avidité et de l'égoïsme.

Une conscience accrue de la souffrance au sein de la création est associée à cette compassion. Toutes les grandes traditions spirituelles traitent du problème de la souffrance. Même si elle semble faire partie du processus d'apprentissage qu'est la vie sur Terre, les traditions enseignent des moyens de la surmonter, comme croire en une puissance supérieure, ou éviter les trois pièges de l'ignorance (l'incapacité à développer une réelle compréhension de l'existence), de l'avidité (le désir de posséder et de garder pour nous) et de l'aversion (le désir d'éviter, de punir ou de détruire ce que nous n'aimons pas ou ceux qui s'opposent à nous). Les méditations 28 et 29 expliquent comment la contemplation peut développer des émotions associées à la compassion et nous aider surtout à reconnaître que la souffrance des animaux et des plantes est largement causée par nos semblables.

MÉDITATION 29 : **Contemplez la souffrance des plantes**

Il peut sembler étrange de penser que les plantes peuvent souffrir. Nous supposons qu'elles n'ont pas de sensations puisque ils manquent de système nerveux. Mais, système nerveux ou pas, les plantes sont de bien des façons beaucoup plus intelligentes que nous. Elles prennent en compte l'existence des problèmes (sécheresse, attaque de moustique, espace restreint) et développent des moyens intelligents de les contrer, assurant ainsi leur survie.

1 *Contemplez le monde des plantes, des petites graminées jusqu'aux grands arbres. Laissez apparaître en vous l'idée de notre dépendance envers elles, ainsi que votre gratitude à leur encontre. La vie sur Terre dépend d'elles.*

2 *Contemplez la manière dont nous exploitons les plantes, les nombreuses variétés perdues chaque jour, la destruction des forêts tropicales.*

3 *Exprimez du regret pour la façon dont nous les traitons, ainsi que de la compassion pour leurs souffrances.*

MÉDITATION 30 : **Contemplez le bonheur**

Le bonheur – bien-être – est quelque chose que nous désirons tous ardemment. Cependant, pour beaucoup d'entre nous, il reste insaisissable.

1 *Contemplez le sentiment de bonheur. Laissez apparaître des idées sur la sensation d'être heureux et sur l'aspect souvent éphémère de ce sentiment.*

2 *Laissez apparaître un aperçu des causes du bonheur et du malheur.*

3 *Laissez surgir les idées du bonheur et du malheur que vous pouvez causer aux autres, humains, animaux ou végétaux. Quelle est la cause de ce comportement ?*

4 *Comment pouvez-vous transformer le malheur en bonheur ?*

Les méditations de 28 à 30 n'ont pas pour but de susciter de la culpabilité, mais de permettre aux notions de clarté et de compréhension d'apparaître et peut-être de vous pousser à agir. Mais, comme pour toute contemplation, il n'est ni possible ni souhaitable de déterminer des objectifs et des résultats à l'avance. La contemplation est simplement une ouverture vers les qualités qui existent déjà en vous.

S'installer dans la pleine conscience

Nous avons abordé la pratique de la pleine conscience dans le premier chapitre au travers du commentaire mental d'une certaine durée sur chacune de nos actions (voir méditation 8, p. 41). Le but de cette méditation était de conserver l'esprit dans le moment présent, et c'est exactement ce que l'on entend par pleine conscience. La plupart du temps nos esprits sont occupés avec tout, sauf ce que nous faisons et ressentons sur le moment. Remarquez, bien que vous fassiez les mêmes trajets tous les jours de la semaine, comme vous êtes peut-être incapable de vous souvenir des noms des rues que vous prenez, les noms des magasins ou la couleur des maisons. Remarquez comme il est souvent difficile de dessiner de mémoire la plupart des objets familiers que nous utilisons chaque jour – notre propre voiture, le désordre sur notre bureau, les photos au mur.

Pourquoi la pleine conscience, l'aptitude à rester dans le présent et à retenir ce que nous faisons, est-elle si importante ? L'avantage pratique le plus évident est l'assistance qu'elle fournit à la mémoire. Combien de fois par jour cherchons-nous vainement ce que nous avions dans nos mains quelques instants plus tôt, ou bien où nous avons mis nos lunettes ou nos clés ? Combien de fois lisons-nous la page d'un livre que nous avons déjà oubliée une fois tournée ? Et combien de fois nous rappelons-nous de nos rêves, alors que les recherches semblent indiquer que nous rêvons environ deux heures par nuit ?

Mais cela va même plus loin. La pleine conscience nous permet d'apprécier le caractère de l'expérience d'une manière rendue impossible lorsque nos esprits ne sont pas là où nous nous trouvons. Sans elle nous manquons tant dans la vie. Sans elle nous devenons agités et insatisfaits, nous nous ennuyons et recherchons sans cesse de nouvelles sensations, différentes de celles qui s'offrent à nous. Nous passons à côté de la beauté et de la poésie de la vie ainsi que de la fascination de connaître cette chose mystérieuse d'être nous-mêmes.

La méditation est la pleine conscience, celle de respirer ou celle du stimulus choisi comme point d'attention. La contemplation est la pleine conscience de ce que nous gardons au premier plan de la conscience. La vie elle-même devrait être pleine conscience, chaque moment qui passe, chaque cadeau qu'elle apporte. Souvent, nous remarquons à peine tel cadeau, au lieu de l'absorber, nous l'écartons car il sert peu nos intérêts.

Une fois sur le chemin de la méditation, la pleine conscience apparaît naturellement dans la vie quotidienne. En apprenant à fixer l'esprit lorsque nous sommes assis sur notre coussin, nous prenons l'habitude de faire plus attention aux expériences quand nous ne sommes pas assis. Les prochaines méditations aident à élargir ce sens de la pleine conscience et du moment présent.

La pleine conscience des actes et du comportement

Le fait même de méditer – de s'ouvrir à son être essentiel – conduit naturellement à un comportement éthique et aide à se comporter avec sensibilité et compassion envers les autres quotidiennement. La pleine conscience y contribue. Nous sommes souvent si limités à nous-mêmes que nous ne sommes pas conscients des besoins et des problèmes des autres. Nous sommes sourds et aveugles aux signaux indiquant que quelqu'un a besoin de notre aide ou que nous l'avons involontairement blessé par nos mots ou par nos actes.

La pleine conscience signifie non seulement se concentrer sur ce que nous voyons, entendons et faisons, mais aussi sur les signaux et les effets que notre comportement a sur les hommes, les animaux, les plantes et l'environnement. Elle peut ainsi s'avérer une tâche difficile, davantage encore si nous devions toujours le faire de façon consciente. Mais à mesure qu'elle se développe, le comportement éthique apparaît naturellement. Christmas Humphreys, l'une des personnes à l'origine de l'arrivée du bouddhisme en Occident au siècle dernier, donne l'exemple suivant : voir quelqu'un laisser tomber son parapluie dans la rue, le ramasser et le lui rendre sans préméditation et sans utiliser ce geste de gentillesse pour flatter notre égo. Des actes de ce genre surviennent naturellement et spontanément de la pleine conscience qui se rend compte qu'un acte important doit être réalisé et nous pousse à le faire.

MÉDITATION 31 : **Soyez pleinement conscient de manger**

De prime abord, certaines de ces méditations de pleine conscience semblent ennuyeuses, mais uniquement parce que nous avons appris à être insouciant et imaginé que seule la nouveauté était excitante. L'habitude d'ignorer la pleine conscience nous empêche de réaliser l'originalité de chaque instant de la vie qui est un nouveau commencement, un nouvel évènement, une visite dans un nouveau lieu. Manger est un bon exemple. Nous mangeons tous les jours, mais nous devons nous régaler pour être vraiment conscient de ce que nous mangeons. En général nous sommes trop occupés à parler, réfléchir, lire le journal ou regarder la télévision pour remarquer ce que nous mettons dans notre bouche.

1 *Au prochain repas, concentrez-vous juste sur l'acte de manger. Si possible, essayez de manger dans le silence et sans distraction.*

2 *Mangez lentement, en portant votre attention sur la couleur et la consistance de la nourriture, sur ce que vous choisissez de manger, sur le goût et la consistance en bouche.*

3 *Soyez pleinement conscient de l'action d'avaler. Remerciez la terre et les plantes qui ont fourni cette nourriture et tous ceux, de l'agriculteur au cuisinier, qui lui ont permis d'arriver sur la table.*

Les grandes traditions nous enseignent que nous devons être pleinement conscients de ce qu'il se passe dans notre tête à tout instant. Une grande partie de notre réflexion est gaspillée et préoccupée par nos propres volontés et rêves. Les traditions nous disent aussi d'être pleinement conscients de notre parole – pas en surveillant chaque mot, mais en ne perdant pas de temps en bavardages vains et surtout en s'empêchant de dire du mal des autres ou de colporter des ragots. En fin de compte, les ragots font du mal aux autres et nous rabaissent.

Nous ne pouvons bien sûr pas parvenir à ce genre de pleine conscience immédiatement mais petit à petit, grâce à la pratique de la méditation. Néanmoins nous pouvons décider à l'avance d'être pleinement conscients d'un aspect de notre vie – par exemple du chemin jusqu'au travail ou de ce que nous disons à nos collègues. Une fois que nous commençons à y travailler, d'autres aspects s'ouvrent d'eux-mêmes. Quand nous commençons à être conscients de l'effet que nous avons sur le monde, nos horizons s'ouvrent et notre conscience se développe.

Encore une fois, cela ne mène pas tout droit à la culpabilité. La culpabilité, autodestructrice, n'est pas bénéfique. C'est une recette pour accroître la conscience, pour le développement personnel, pour un être-dans-le-monde plus efficace et plus utile (dans le sens existentiel).

Commencez où vous pouvez et voyez ensuite.

La pleine conscience en voyageant

Nous avons beaucoup parlé de la prise de conscience pendant que nous marchons. Nous pouvons à présent traiter de la pleine conscience durant d'autres modes de déplacement. Je suis toujours surpris en avion de voir si peu de gens regarder par le hublot. Le plus souvent ils parlent, lisent, somnolent ou regardent un film. De même, quand je voyage en train, je suis surpris par le peu de personnes intéressées par le paysage qui défile. Elles sont bien trop absorbées par la musique dans leurs écouteurs, par leur journal ou par le plat qu'elles ont ramené du wagon restaurant. Voyager en train ou en car est en fait une expérience fabuleuse. Les technologies modernes nous transportent à une vitesse dépassant de loin celles que nos ancêtres ont connues. Les scènes se déroulent les unes après les autres devant la fenêtre et pourtant si peu s'en extasient !

La méditation nous aide à retrouver notre émerveillement d'enfant, tout en y ajoutant l'expérience accumulée en temps qu'adulte. Nous avons donc l'avantage des deux phases de la vie. À l'avenir, durant vos voyages, essayez de rester pleinement conscient de chaque nouvel évènement à mesure qu'il se déroule. Même au volant d'une voiture, beaucoup disent en atteignant leur destination avoir regardé la route automatiquement et se rappeler à peine ce qu'ils ont vu.

Être pleinement conscient des états d'être

Être humain, c'est ressentir des émotions. Parfois nous sommes positifs et optimistes et d'autres fois nous portons le monde sur nos épaules. Parfois nous avons envie de faire la fête et à d'autres moments nous préférons rester tranquillement à la maison. Les niveaux énergétiques de notre corps varient. Parfois nous nous sentons d'attaque et parfois nous sommes juste prêts à atteindre la chaise la plus proche. Notre façon de voir les choses peut aussi changer. Nos intérêts peuvent fluctuer et chose encore plus visible, nos émotions et nos sentiments, les hauts et les bas de nos journées peuvent ressembler à un grand huit. La recherche psychologique révèle que la façon dont nous nous sentons peut même influencer notre choix de couleur. Si nous nous sentons remplis d'émotions – surtout de colère – nous aurons tendance à choisir le rouge. Si nous nous sentons paisibles, ce sera sans doute le bleu.

La pleine conscience nous aide à prendre conscience de ces changements et de leurs causes. Souvent lorsque nous affirmons ne pas savoir pourquoi nous nous sentons d'une certaine façon, c'est que nous ne cherchons pas à le savoir. Pourquoi cette pleine conscience serait-elle importante ? Les réponses découlent de ce que nous avons vu jusqu'ici. La conscience de Soi mène à la compréhension de Soi qui elle-même nous permet de mieux gérer nos vies et de mieux nous contrôler ainsi que nos réactions.

La pleine conscience de notre corps nous permet de prendre conscience des tensions musculaires lorsqu'elles se produisent, et il en est de même entre la pleine conscience d'être et nos tensions psychologiques. C'est souvent au moment où elles apparaissent que nous sommes le mieux capables de les dissiper et de réaliser qu'en nous crispant en réponse, il est plus difficile de faire face, par exemple aux défis et aux difficultés de notre journée de travail, et que nous ne faisons aucun bien à notre santé mentale et physique. De plus, si notre état d'esprit nous pousse à agir de façon inappropriée, nous le regrettons souvent par la suite et nous devons nous en excuser auprès de nos collègues ou amis.

Mais il y a plus encore. La pleine conscience d'être nous permet, à chaque instant, de reconnaître ce que c'est vraiment que d'être en vie. Nous voudrons peut-être répartir notre expérience, considérant les évènements banals de notre journée de travail comme peu importants en comparaison des heures durant lesquelles nous faisons réellement ce que nous voulons. Néanmoins chaque instant, au travail ou en loisir, nous donne l'opportunité d'identifier de quelle façon la vie s'exprime à travers nous. Un professeur de méditation m'a dit un jour que cette reconnaissance peut être plus facilement comprise dans les moments difficiles que lorsque nous sommes détendus. Toutes nos expériences peuvent nous mener à cette reconnaissance. Il faut donc les vivre pleinement.

32 : **Soyez pleinement conscient pendant le sommeil et l'éveil**

Alors que nous continuons à développer notre pratique de la méditation, la pleine conscience ne devrait pas seulement s'appliquer à la journée, mais également au sommeil.

- *Essayez d'observer chaque soir comment vous vous endormez. Cela semble d'abord impossible : vous pouvez vous endormir trop vite ou rester éveillé en essayant de voir ce qu'il se produit. Mais, avec de l'entraînement, une partie de l'esprit peut rester paisiblement conscient au seuil du sommeil et voire même au-delà.*

- *Si vous restez conscient, vous remarquerez en premier l'état hypnagogique, interlude durant lequel des visions et des pensées hautement créatives traversent rapidement l'esprit (des peintres surréalistes comme Salvador Dali disent qu'une grande partie de leur inspiration vit de ces pensées et visions hypnagogiques). Nous perdons peut-être conscience après l'état hypnagogique, mais nous pouvons la retrouver avec le commencement des rêves.*

- *Sans exercice soutenu, la conscience n'atteindra guère le sommeil lent profond, mais vous pouvez devenir conscient juste avant le réveil, au cours de l'état hypnopompique oà vous pouvez connaître des visions et pensées similaires à celles de l'état hypnagogique.*

La pleine conscience de la nature

Les plus fervents méditants développent une tendresse particulière pour la nature. Peut-être parce qu'en nous rapprochant de nous-mêmes, nous nous rapprochons de cette unité dont nous faisons tous partie. La nature subvient à nos besoins, mais vit aussi et respire en nous. L'air dans nos poumons est le même que celui à l'extérieur. Le fer, le cuivre et les autres substances chimiques de notre corps sont les mêmes qu'à l'extérieur. L'eau de notre corps est la même que celle qui coule dans les ruisseaux et rivières. La nourriture dans notre corps vient de la terre et retourne à la terre. Nos esprits sont remplis d'images peintes par la nature, les arbres et les collines lointaines, la senteur des fleurs et le chant des oiseaux.

En suivant le chemin de la méditation, cette prise de conscience de la nature se développe d'elle-même et conduit à une sensibilité accrue envers la vie de tous les organismes, vivants ou non. Nous sommes ainsi très conscients qu'écraser un insecte sur la fenêtre au lieu de le laisser sortir affecte la vie et risque de nous brutaliser nous même. Cette sensibilité est accrue par les méditations sur les souffrances des animaux (voir méditations 28 et 29, pp. 87 et 89). Nous pouvons l'accroître encore en méditant à l'air libre. Lorsque c'est impossible, beaucoup de méditants aiment apporter des feuilles, des brindilles, des coquilles et des plumes dans la maison – les honorant et les respectant en temps qu'expression de la vie. Dans l'un des centres de retraites que je fréquentais, caché au fin fond de la campagne, le maître ramenait des crânes et ossements de moutons morts qu'il trouvait dans les collines. Cela m'a d'abord surpris jusqu'à ce que je réalise que ces reliques de la vie qui s'était déplacée dans les collines avaient leur propre beauté magique et nous rappelaient que la vie se termine par la mort et que c'est à nous de connaître le sens de ces deux états d'être.

Au XIXe siècle les poètes romantiques Shelley, Keats et surtout Byron avaient une forte affinité avec le côté dramatique dégagé par le vent, la pluie et l'orage. Les poètes de la nature tel que Wordworth, Tennyson, Emerson et Walt Whitman avaient un intense sens mystique de leur parenté avec la Terre, reconnaissant que la vie qui les animait était la même que celle animant toute la création. Soyez donc pleinement conscient de la nature. Observez les saisons. Si vous vivez en ville, entouré de fabrications humaines, allez à la campagne aussi souvent que possible, et lorsque vous ne pouvez pas, alors amenez la nature dans la maison, trouvez quelque chose qui a vécu et ramenez-le chez vous. Essayez de ne pas juger une journée par le temps que vous voyez le matin en ouvrant les rideaux. Chaque jour est une bonne journée, tous les temps ont leur intérêt, tous les levés et couchés de soleil ont leur charme.

La méditation 33 vous propose une autre façon d'être conscient de la nature et de l'unité entre votre propre corps et les éléments derrière votre fenêtre.

MÉDITATION 33 : **Soyez pleinement conscient des éléments**

Pour les anciens, il existait seulement quatre éléments. Ils étaient les quatre façons dont nous ressentons le monde naturel. Tout est solide (la terre), liquide (l'eau), chaud ou froid (le feu ou son absence) et gazeux (l'air). Des siècles plus tard c'est toujours ainsi que nous ressentons le monde et notre propre corps. Car, en plus de ressentir les éléments en dehors de nous, nous pouvons aussi les ressentir en nous, comme le montre cette méditation.

1 *Débutez la méditation et prenez profondément conscience de votre corps comme solide, en pesant de votre poids sur le coussin. Restez ainsi un certain temps.*

2 *Ensuite, prenez conscience de votre corps en tant que liquide, constitué aux trois-quarts d'eau et du sang qui coule en vous.*

3 *Prenez conscience de votre corps en tant que chaleur ou feu lié à la vie. Devenez pleinement conscient de la chaleur qui vous nourrit.*

4 *Prenez conscience de vous-même en temps qu'air, l'air dans vos poumons et l'oxygène dans votre sang, l'air sans lequel la vie physique deviendrait vite impossible.*

5 *Étendez votre gratitude aux éléments à l'intérieur et à l'extérieur qui donnent à votre corps sa forme physique et la maintiennent.*

La contemplation directe

La contemplation directe nous permet de nous rapprocher davantage de la conscience de notre unité avec toute la création. Beaucoup pratiquée dans l'école Soto du bouddhisme Zen, elle implique de sélectionner, de préférence dehors, un objet spécifique pour notre attention méditative et nous emmène plus loin que les méditations avec objet déjà abordées. L'objet doit être naturel, pas de fabrication humaine et suffisamment petit pour être regardé sans mouvement occulaire, un caillou par exemple.

Renoncez à tout concept concernant l'objet. Il a sa propre existence, indépendamment des étiquettes que nous lui mettons et de ce que nous pensons de lui. Même les mots utilisés pour le décrire sont inconnus de l'objet. Il a le même droit que nous d'exister. Il occupe sa propre place par droit, tout comme nous. Réchauffé par le même soleil, rafraîchi par les mêmes vents et la même pluie que nous, il ne nous doit rien, ne nous demande rien.

En libérant notre esprit de tout concept, la contemplation directe nous permet d'atteindre un état d'égalité avec l'objet. Nous sommes tous deux des êtres. Alors que la contemplation s'approfondit, la conscience se rend compte que l'objet n'existe pas seulement à l'extérieur mais aussi à l'intérieur de notre conscience. Nous ne faisons qu'un. Les barrières sont tombées. Les mêmes forces naturelles s'expriment en nous deux.

MÉDITATION 34 : **Pratiquez la contemplation directe**

Dans la contemplation directe nous avons tendance à choisir un objet que nous trouvons joli, comme une fleur d'une beauté exquise, ou les restes fragiles d'une feuille d'automne. Mais les objets attirants (et ceux que nous trouvons répugnants) ont beaucoup plus de concepts attachés à eux que les objets neutres. Choisissez un objet qui permet une conscience vierge de tout contenu. L'objet est tout simplement là, et donc digne d'attention.

1 *Commencez par vous concentrer sur votre respiration et dès que vous êtes centré, portez votre attention sur l'objet. Regardez-le en clignant le moins possible des yeux. N'attendez ni ne demandez rien. Vous exprimez seulement votre relation perceptive à l'objet.*

2 *Ignorez les tours que cette perception pourrait vous jouer. Par exemple, vous imaginerez peut-être voir une aura entourant l'objet, mais ne vous laissez pas distraire.*

3 *Soyez conscient que l'objet à sa propre existence en dehors de votre esprit. Laissez ce sentiment d'unité se développer.*

4 *Après une séance de contemplation directe, le monde peut paraître étrange, comme si vous le voyiez pour la première fois. C'est normal, mais il est difficile de rester toujours dans cette intense conscience, restez calme et laissez la perception habituelle revenir.*

Établir un programme de méditation

Nous avons couvert un certain nombre de techniques de méditation, et il est temps à présent de les intégrer dans votre programme de méditation.

Premièrement, il faut, de nouveau, souligner la nécessité pour ce programme d'être régulier et constant. Une ou deux séances par jour, au même endroit, sont idéales. Naturellement, ce n'est pas toujours possible. Vous pouvez partir en vacances ou en voyage d'affaire, avoir la visite de votre famille ou de vos amis, ou être pris par d'autres choses et vous raterez donc des pratiques quotidiennes. Lorsque cela se produit, essayez de tourner vos pensées vers la méditation à d'autres moments de la journée, même si vous ne pouvez pas vous asseoir sur votre coussin. Seulement cinq ou dix minutes vous aideront à garder l'habitude d'une pratique quotidienne. On passe vite d'une journée sans pratique à deux jours puis trois jours et reprendre là où vous vous étiez arrêté devient vite problématique. Ce n'est jamais facile. Trouvez donc quelques minutes, même en des circonstances difficiles, pour fermer les yeux et tourner votre attention vers votre respiration.

Au pire, méditez en vous couchant ou en vous levant. Les puristes disent que l'on devrait toujours s'asseoir dans la position correcte pour méditer et il est vrai qu'il n'est pas bon de prendre l'habitude de toujours méditer allongé. On dit aussi, à juste titre, qu'il faut pouvoir méditer dans n'importe quelle position, assis, debout ou allongé. Cela permet de méditer quelle que soit la situation.

Admettons que vous puissiez assurer votre séance de méditation quasi-quotidiennement. Comment devez-vous l'organiser ? Il est essentiel d'avoir votre exercice de base. L'exercice le plus fiable est la méditation sur la respiration pratiquée de la façon dont nous l'avons décrite. Même si vous essayez un autre exercice, il est bon de se concentrer d'abord sur la respiration jusqu'à ce que l'esprit soit calme et puisse s'orienter vers autre chose. Quand vous essayez un des autres exercices que nous avons abordés dans le livre, faites-le pour une période définie. Par exemple, vous pouvez décider de le travailler pendant sept ou dix jours ou plus. Fixez-vous un but réalisable, puis retravaillez sur votre souffle durant une période de temps similaire, afin d'absorber entièrement l'expérience de la nouvelle méthode. Puis, pratiquez-la de nouveau en gardant toujours le souffle comme pratique de base.

La pleine conscience devrait être pratiquée chaque jour, le plus souvent possible. Après un certain temps, elle devient une habitude et demande peu d'effort. Les améliorations qu'elle apporte à la mémoire, à l'efficacité et au plaisir de la vie suffisent à vous faire continuer. Essayez aussi de vous concentrer durant de courtes périodes sur la pleine conscience, en poursuivant le commentaire silencieux (voir méditation 8, p. 41) des choses que vous faites. Essayez, surtout quand vous marchez, d'être pleinement conscient des mouvements du corps et de tout ce qui se présente à vos sens.

En général, il y a des opportunités de se concentrer sur des objets en mouvement ou statiques durant la vie quotidienne et d'essayer de courtes périodes de contemplation directe. Vous pouvez parfois incorporer ces exercices à votre séance de méditation quotidienne, mais que cela ne vous empêche pas de profiter des occasions qui se présentent régulièrement et que nous gaspillons en rêvassant, en bavardant ou en zappant sur les chaînes de télévision. Il est préférable d'intégrer aux séances assises la contemplation de symboles religieux ou de visualisations requérant plus de temps.

Tout cela peut vous faire penser que la méditation va prendre le contrôle de votre vie ou perturber d'autres activités, mais rien n'est plus faux. L'esprit est toujours actif durant la journée. Assurez-vous simplement que son activité vous est bénéfique sans vous faire perdre votre temps. Certains exercices de méditation, tel que la pleine conscience, ont une si grande valeur pratique qu'il est difficile d'imaginer quelqu'un refuser ou ne pas pouvoir leur consacrer quelques minutes et profiter des nombreux bienfaits qu'ils apportent.

MÉDITATION 35 : **Analysez votre programme**

Essayez d'identifier les difficultés liées à votre programme. Vous n'êtes ni moine ni en retraite permanente, donc il est difficile de ne pas laisser la méditation devenir un évènement occasionnel de la vie moderne, compressé entre la famille, le travail, les loisirs et les engagements sociaux. Quand nous sommes fatigués, le soir ou le matin, la méditation est laissée de côté. Comme vu précédemment, une fois l'habitude de la méditation interrompue, il est difficile de la rétablir. Il arrive qu'après l'obtention des profits escomptés, la motivation diminue, un peu comme lorsque nous arrêtons de prendre nos médicaments dès que nous commençons à aller mieux. Analysez votre programme de temps à autre afin de surveiller ce qu'il se passe.

- *Trouvez pourquoi vous ne remplissez pas votre programme. Avez-vous été trop ambitieux au départ, en vous fixant des objectifs inatteignables ? Vous êtes-vous montré trop confiant après avoir obtenu vos premiers résultats ? La méditation est-elle une priorité secondaire dans votre vie ? Votre famille et vos amis s'y opposent-ils ? Avez-vous trop de distractions ? La méditation vous ennuie-t-elle ? Avez-vous perdu vos illusions à la vue du manque apparent de progrès ? Quels sont les aspects du programme qui vous posent le plus de problèmes ? Pouvez-vous les identifier ?*

Faire face à l'ennui

Il y a longtemps, un de mes professeurs de méditation m'a dit que ses élèves ne pratiquaient la méditation correctement qu'à moins de s'ennuyer en méditant. Il voulait dire que la plupart d'entre nous restons volontiers assis une demi-heure perdus dans nos pensées. Nos rêves, nos bons souvenirs ou notre égo nous détendent. Par contre la méditation peut se révéler un dur labeur. Se concentrer sur la respiration et garder l'esprit clair peut s'avérer ennuyeux une fois l'attrait de la nouveauté passé et avant d'atteindre l'état de tranquillité.

L'ennui, étape obligée de la pratique, doit donc être vaincu. Tout comme vous avez fait avec vos autres émotions et sensations, réfléchissez à l'ennui. Qu'est-ce que c'est ? Où se trouve-t-il dans le corps ? Pourquoi est-ce pénible ? Réalisez que l'ennui est une tentative de l'esprit actif et turbulent de regagner le contrôle. Une fois cette étape traversée, l'esprit en est renforcé.

Faire un suivi des jours et des semaines

Revenir sur sa journée ou sa semaine est précieux pour développer la pleine conscience et la mémoire. Idéalement, les méditants devraient tenir un journal quotidien, inscrivant chaque soir ce qu'il s'est passé dans la journée, et faisant une revue de la semaine chaque week-end.

Les traditions mystiques occidentales insistent sur l'importance vitale de ces bilans, précisant que, regarder de près ce qu'il se passe dans la vie, de façon régulière, aide à prendre conscience des richesses et des subtilités de l'expérience et à nous réveiller du demi-sommeil dans lequel nous passons une grande partie de notre vie. Selon les traditions spirituelles, ces comptes rendus permettent d'identifier les opportunités que nous avons ratées d'être d'une quelconque valeur pour le monde. Ces bilans doivent nous apprendre quelque chose sur nous-mêmes, et non pas nous complexer ou nous faire culpabiliser. Après tout, nous ne pouvons pas tout faire. Il n'y a que 24 heures dans une journée et sept jours dans une semaine et jongler avec toutes les exigences de notre temps libre n'est pas facile. Les bilans nous aident à choisir entre ces exigences et à situer nos forces et nos faiblesses. Les traditions mystiques conseillent d'établir parfois ces bilans à l'envers, allant du soir au matin. Essayez, cela vous mènera sûrement à d'autres conceptions sur le temps.

MÉDITATION 36 : **Faites le bilan de la journée**

Si vous êtes un méditant du soir, faites votre bilan après la séance. Le faire juste avant risque de vous occuper l'esprit durant la méditation.

- *Commencez par vous demander si vous vous souveniez de vos rêves le matin-même et si vous les avez notés dans votre journal de rêves. Partez de là. Remémorez-vous les évènements, les réactions et les sentiments que ces rêves ont provoqués. Souvenez-vous aussi des motifs derrière vos actions et de leurs conséquences. Savoir que le soir venu vous rédigerez un bilan vous aide à vous concentrer.*

MÉDITATION 37 : **Le bilan de la semaine**

Si vous tenez un journal de vos bilans quotidiens, parcourez-le le week-end ou sinon repensez à la semaine. Soyez objectif envers vous-même durant le bilan.

- *Comment avez-vous utilisé votre temps cette semaine ? Notez vos points forts, vos points faibles et vos changements d'humeur. Repensez au début de la semaine et réfléchissez aux progrès accomplis en auto-développement. A quel point avez-vous amélioré la vie au cours de la semaine, pour les gens mais aussi les plantes, les animaux et l'environnement ?*

Quelques informations supplémentaires sur les rêves

A ce stade, il est précieux de voir que la méditation et la pleine conscience, combinées à votre journal de rêves, ont apporté un changement à votre vie onirique.

Vous remarquerez peut-être que vos rêves sont devenus plus riches et plus faciles à se rappeler et que vous faites des rêves lucides qui restent longtemps à l'esprit. Carl Jung parle aussi de « grands » rêves qui ont une qualité spirituelle profonde et semblent provenir de l'inconscient collectif plutôt que de votre inconscient personnel. Ces rêves comportent habituellement des archétypes, comme le divin enfant, le vieux sage, mère nature, le héro ou le magicien (la majorité de ces archétypes apparaissent dans les arcanes majeurs du jeu de Tarot). Les grands rêves restent aussi dans l'esprit et peuvent être considérés comme des jalons sur le chemin du développement spirituel.

Vous avez peut-être même connu des sorties hors du corps (OBE) durant votre sommeil, peut-être comme prolongement d'un rêve lucide. Ces expériences, pour lesquelles il n'y a pas d'explication matérialiste, localisent la conscience à l'extérieur du corps. Ceux qui connaissent cet état disent voir leur corps endormi sur le lit et même obtenir des informations sur le monde extérieur qu'ils n'auraient pas pu obtenir autrement.

MÉDITATION 38 : **Restez pleinement conscient des rêves**

Bien que les mauvais rêves aident à attirer symboliquement notre attention sur ce dont nous devrions être plus conscients dans notre vie ou sur ce que nous devrions changer – peurs inutiles, inquiétudes datant de notre enfance, émotions réprimées ou incontrôlées – nous n'avons aucune envie de continuer à nous en rappeler. Nous devrions apprendre d'eux, avec l'aide d'un psychothérapeute si nécessaire, et ensuite les effacer de notre mémoire. Néanmoins, des rêves plus positifs et plus beaux nous enseignent des leçons durables. Comment en rester pleinement conscient ? Ils restent parfois d'eux même dans notre mémoire grâce à leur profonde influence, mais d'autres fois nous en oublions les détails ou réalisons que nous nous rappelons les souvenirs du rêve plutôt que le rêve lui-même.

- *Restez pleinement conscient des rêves en les revisitant régulièrement. Prêtez de nouveau attention aux couleurs et aux paysages. S'il y a une maison, entrez, allez dans les pièces, regardez par les fenêtres. S'il y a du monde, souvenez-vous de leur apparence et de ce qu'ils vous ont dit. Rappelez-vous des émotions que vous avez ressenties. N'essayez pas d'ajouter d'éléments au rêve, mais si vous ressentez spontanément des choses qui semblent lui appartenir, faites-en partie du souvenir.*

Chapitre 3

La tranquillité

- *Vivre la tranquillité*
- *Maintenir la tranquillité*
- *La visualisation*
- *Utiliser un mandala*
- *Utiliser le son dans la méditation*
- *Compassion et guérison*
- *Quelques informations supplémentaires sur la méditation et la guérison*
- *Habitudes et relations*

La méditation comprend trois étapes : la première, la concentration, représente la base essentielle pour la méditation assise et la pleine conscience. Une fois que le méditant commence à développer une concentration claire, objective et attentive, la tranquillité, la deuxième étape, émerge d'elle-même. La tranquillité est l'état naturel de l'esprit. Dès que nous ne prêtons plus attention à notre agitation intérieure qui envahit notre esprit, un sens profond de paix s'y installe, on parle alors parfois de « calme continu », crucial pour permettre à la cognition, la troisième étape, d'émerger, et qui sera le sujet du chapitre 4.

En état de calme continu, nous sommes simplement chez nous, sereins et paisibles, sans penser toutefois que nous l'avons fait pour nous. Nous redécouvrons ce que nous avons toujours été et ce que nous serons toujours. La vie se vit et s'exprime à travers nous. En fait, aucune de ces prises de conscience de Soi n'est présente durant la période de tranquillité. Si elles l'étaient, nous serions une fois de plus perdus dans nos pensées et l'expérience de la tranquillité serait gâchée. Cette prise de conscience apparaît plus tard après la méditation, quand nous y repensons.

Vivre la tranquillité

La tranquillité est simplement là pour être vécue. Nous ne faisons qu'entrer en méditation et calmer l'esprit pour y parvenir, et nous n'en faisons rien une fois atteinte. Elle n'est pas saluée avec excitation, fierté ou justification de Soi, ce qui ferait cesser l'expérience. C'est juste un état de présence, ni plus ni moins.

Toutefois la tranquillité reste un signe de progrès en méditation. Lors de l'expérience de la tranquillité, beaucoup de bienfaits de la méditation, psychologiques ou physiques, voient le jour. Le méditant vit une dimension de l'esprit dont il n'avait peut-être pas encore pris conscience, bien qu'elle ait toujours été présente. Cette dimension est vécue différemment selon les individus et il est essentiel de ne pas émettre de préconceptions, cela pourrait entraver l'expérience. Certains racontent avoir eu de magnifiques visions, d'autres décrivent des sentiments en présence d'un pouvoir spirituel affectueux. J'ai moi-même revécu des rêves initialement faits il y a des années, mais dont je ne m'étais jamais souvenu avant (toutefois, je sais que ce sont des rêves, tout comme nous savons en nous réveillant chaque matin que nous avons rêvé). Mais ces expériences qui surgissent durant la période de tranquillité ne sont pas la tranquillité et on ne doit pas s'y accrocher. Sinon, nous perdons de nouveau cet état de tranquillité, et nous ne faisons que rêver éveillés.

MÉDITATION 39 : **Évitez la transe**

Ces rêvasseries peuvent représenter un autre obstacle potentiel à la tranquillité. Le méditant peut perdre sa concentration focalisée pour entrer dans une sorte de transe. Pendant la transe, visions et autres expériences psychiques et médiumistiques peuvent sugir. Toutes les grandes traditions insistent sur le développement des facultés psychiques comme une des conséquences du développement spirituel, mais elles soulignent que ces facultés doivent être vues non comme but de la méditation mais comme distractions potentielles. Que vous ayez expérimenté la tranquillité ou non, il est très facile d'entrer en transe lors d'une séance de méditation. Cette forme de somnolence rêveuse, plaisante en soi, n'a rien à voir avec la méditation.

1 *Veillez à reconnaître cet état de transe s'il apparaît lors de la méditation. Chassez-le en ramenant fermement votre concentration sur la respiration ou sur votre autre point de fixation.*

2 *À la fin de la séance, repensez-y. Êtes-vous entré en transe à un moment donné ou vous êtes-vous perdu dans de belles visions ?*

Les visions sont un signe de progrès en méditation, mais en nous autorisant à y plonger ou à les prendre trop au sérieux, nous ne progressons plus.

Maintenir la tranquillité

On me demande souvent en quoi la tranquillité diffère de la transe hypnotique. Pour avoir expérimenté les deux, je peux dire qu'elles ne pourraient pas être plus différentes. La méditation est un état de vigilance, la transe hypnotique, elle, est comparable à un état drogué, dans lequel on est seulement vaguement conscient et sans aucune sensation réelle de contrôle sur soi. Mais une fois tranquille, comment maintenir cet état ?

On ne doit pas essayer à tout prix de maintenir cet état qui est là ou non. Prenez l'exemple d'un miroir couvert de tant de poussière qu'on ne peut plus se voir dedans. Maintenant imaginez qu'on en retire soigneusement la saleté si bien qu'il brille de propreté. On peut maintenant s'y refléter. Il renvoie son image. Tout ce que la personne responsable du nettoyage a fait, c'est de redonner au miroir sa fonction, de même que tout ce que le méditant fait est de rester concentré. Si la tranquillité apparaît, c'est bien, mais si elle s'estompe, cela n'a rien de mauvais. L'interpréter dans ce sens crée un sentiment de perte qui devient un obstacle majeur au retour à la tranquillité. Le méditant ne doit pas juger si la tranquillité est présente ou non, parce que porter un jugement nous fait revenir à la pensée. Tout ce qui se passe, c'est que le méditant reste concentré, assis, patient, sur son coussin, sans nourrir ni attente ni espoir, observant simplement.

Cela peut sembler très passif, mais l'esprit méditatif est en vérité ni passif ni actif. Être l'un ou l'autre signifie être plongé dans la pensée oppositionnelle – « je dois me retenir de faire quelque chose », ou « je dois faire quelque chose. » Entre le passif et l'actif se trouve un état simple d'être : l'état de tranquillité.

Identifier la tranquillité

Pendant l'état de tranquillité, l'esprit demeure dans sa clarté éternelle, au-delà des conceptualisations et des catégorisations. Mais la tranquillité peut comprendre plusieurs niveaux différents. Au premier niveau, la tranquillité peut être comprise comme l'abandon de tout ce qui distrait l'esprit. À un niveau plus profond, c'est l'abandon de tout ce qui distrait l'esprit, et à un niveau plus profond encore, cela peut être l'abandon de l'attention et même du point de fixation. L'attention est toujours présente, calme et vive, mais l'esprit, lui, est entré dans un état de conscience sans attention. Au niveau le plus profond, on est seulement conscient d'étiquettes comme « tranquillité », une fois la méditation terminée.

N'essayez pas de trouver à quel niveau vous vous situez pendant la séance ! En faisant cela, vous remplacez la tranquillité par la pensée.

La visualisation

Nous sommes maintenant prêts à considérer les méditations comprenant des visualisations. Certains méditants aguerris disent avoir des difficultés à visualiser, d'autres affirment en être totalement incapables. Or ils rêvent chaque nuit, c'est qu'ils peuvent donc visualiser. Chacun en est capable. Comme l'oubli des rêves, l'incapacité à visualiser est surtout dû à un talent naturel perdu parce que mal utilisé.

Nous avons peut-être souvent l'impression que les artistes, qui dessinent et peignent habilement de mémoire, sont de meilleurs visualiseurs naturels que nous. Mais n'importe quel artiste vous dira qu'il a dû développer ses compétences visuelles innées. Il vous dira aussi que la capacité à prêter attention au monde (la pleine conscience) est essentielle pour celui qui veut visualiser. Pour se souvenir de l'aspect des choses, il faut d'abord prendre le temps de les regarder. Il soulignera aussi que l'intérêt porté aux expériences visuelles, aux formes et aux couleurs, à la lumière et à l'ombre, fait partie de l'action de voir, tout comme la tentative constante d'effacer des choses de la mémoire.

Les méditations concernant la concentration sur des objets mobiles et immobiles au chapitre 2 vous auront aidé à comprendre le processus de voir, et votre travail sur la pleine conscience davantage encore. La méditation 40 vous intéressera.

MÉDITATION 40 : **Pratiquez la visualisation**

Si vous avez des difficultés à visualiser, commencez avec des formes géométriques qui sont des abstractions créées par l'esprit humain. Elles proviennent de niveaux archétypes de la conscience intérieure plutôt que d'expériences extérieures (il n'y a ni cercles, carrés ou triangles parfaits dans la nature). Donc, on peut supposer qu'elles existent comme constructions cachées dans notre inconscient et en les visualisant, nous reconnaissons quelque chose déjà présent dans notre esprit.

1 *Dessinez un cercle (symbole de l'infini car sans début ni fin) vert sur une grande feuille blanche et, assis sur un coussin, placez-le devant vos yeux.*

2 *Fixez ce cercle jusqu'à l'avoir mémorisé. Fermez les yeux et essayez de garder l'image dans l'espace intérieur juste au-dessus des yeux. Lorsqu'elle s'estompe ou disparaît vers la droite ou la gauche, ouvrez les yeux et observez de nouveau le cercle. Répétez l'exercice.*

3 *Une fois que vous avez pratiqué cet exercice (sur plusieurs séances) en gardant l'image à peu près fixement dans l'œil de l'esprit, alternez la visualisation du cercle vert et celle d'un cercle rouge.*

4 *Expérimentez d'autres couleurs et formes géométriques. Une fois votre aptitude développée, visualisez objets, paysages ou visages.*

Utiliser un mandala

On utilise souvent les mandalas dans la méditation. Le mandala, très utilisé dans le bouddhisme, le jaïnisme et l'hindouisme, est un agencement de formes géométriques dans lequel apparaissent des images de buddhas, bodhisattvas ou de divinités. Si ces images n'y figurent pas, on utilise le terme de yantra. Un des yantras les plus connus est le *Sri Yantra*, série de triangles dans un cercle qui symbolise le moment de la création du monde visible.

Le méditant peut se concentrer, yeux ouverts, sur le mandala ou le yantra ou le visualiser dans la pointe de l'esprit. Les formes géométriques d'un mandala ou d'un yantra possèdent une qualité archétype qui leur permet d'agir comme clé de notre inconscient ou de notre être éclairé – l'essence intérieure, dont nous parlent les traditions spirituelles, est notre vraie nature. Le mandala ou le yantra agit comme point de concentration et, avec de la pratique, est finalement retenu comme une visualisation.

Les psychologues ont observé la tendance des petits enfants à dessiner des cercles et des croix, ce qui montre que ces formes ressemblant à des mandalas nous sont naturelles. Le célèbre psychologue Carl Jung a découvert que, au cours du processus de guérison, beaucoup de patients dessinaient leurs propres mandalas. Vivre dans sa maison construite en Suisse en forme de mandala faisait pour lui partie du voyage de la découverte de Soi.

MÉDITATION 41 : **Pratiquez avec un mandala**

Vous pouvez utiliser le *Sri Yantra,* ou un autre yantra ou mandala qui vous parle ou vous pouvez faire le vôtre. Si vous souhaitez créer votre propre mandala ou yantra, ne vous attendez pas à fabriquer quelque chose qui soit en harmonie avec vous dès la première fois. Préparez plusieurs feuilles de papiers et dessinez de larges cercles (si possible parfaits). Après chaque méditation, laissez votre esprit créer ce qu'il veut à partir de ces cercles. Attendez qu'un de ces cercles représente des aspects de votre monde intérieur avant de l'utiliser. Vous pouvez aussi construire votre mandala dehors avec des matériaux naturels (roches, pierres) et asseyez vous à l'intérieur pendant la méditation. L'effet du yantra ou du mandala peut se faire entièrement au niveau de l'inconscient. Vous pouvez n'en prendre conscience qu'avec le temps.

- *Posez le mandala ou le yantra de votre choix à un endroit où vous êtes en contact visuel avec lui pendant que vous êtes sur votre coussin. Fixez-le sans préjugé. N'essayez pas d'y apporter ou d'y voir une signification. Laissez-le apparaître de lui-même (un yantra, qui ne contient pas d'images, est souvent plus approprié qu'un mandala pour commencer). Utilisez juste l'image devant vous comme le centre de votre méditation.*

Utiliser le son dans la méditation

Certains sons comme celui du tambour chamanique ont un effet mesurable sur la fonction cérébrale qu'on peut utiliser pour susciter des états de conscience modifiés. Ils sont précieux, mais en méditation, leur but est plutôt différent. La cloche et les bols chantants sont deux exemples très utilisés dans les traditions orientales. La cloche s'explique d'elle-même ; les bols chantants produisent un son proche de la cloche lorsqu'on les frappe, mais normalement on fait aller, doucement et de façon régulière, le marteau en bois sur le bord du bol, un peu comme un doigt mouillé sur le bord d'un verre à vin, jusqu'à ce que cela produise un son chantant céleste. Si on écoute attentivement le son, on reconnaît qu'il contient à la fois une note haute et une note basse.

Utilisés en méditation, le bol et la cloche retentissent brièvement au début de la séance et ensuite le méditant écoute le son s'évanouissant petit à petit au loin. Dans la pensée hindoue, le son, comme la flamme d'une bougie quand on la souffle, ne disparaît pas, mais il se déplace vers une autre dimension et emmène avec lui l'esprit du méditant. Dans le cas du bol chantant, la note basse représente le monde physique et la note haute le monde spirituel, le premier s'éteignant avant ce dernier.

Le son peut être aussi utilisé sous la forme d'un mantra. Dans l'hindouisme, chaque divinité a son propre mantra, la récitation

MÉDITATION 42 : **Utilisez le son**

L'utilisation d'une cloche ou d'un bol chantant au début de la méditation aide à reposer l'esprit. Si vous décidez de choisir l'un ou l'autre, essayez d'en avoir un qui a été fait spécialement dans ce but, produisant ainsi la note la plus efficace possible. Vous aimerez peut-être aussi chanter un mantra. Lors des séances de méditation formelles, l'accent est mis sur le mantra et non sur la respiration. On peut aussi, durant la journée, porter un mantra dans notre esprit et le murmurer quand l'esprit souhaite s'éclaircir et s'apaiser. Dans l'église orthodoxe, on dit que l'on doit faire entrer la « Prière de Jésus » dans notre cœur, là où elle se propage bien au-delà du seuil de la conscience.

1 *Pour observer l'effet physique d'un son, utilisez le son sanskrit* « Om » *connu pour être le son primitif. Il est prononcé* « A-U-M » *(phonétiquement* A-OO-MM*). Respirez à fond et le* « A » *retentit au fond du plexus solaire, le* « U » *dans la poitrine et le* « M » *dans le haut de la tête. Ceci se produit comme si le premier son venait de derrière la gorge, le second venant du bout du palet et le troisième vibrant au niveau des lèvres.*

2 *Prononcez une douzaine de fois ce son et observez l'effet sur le corps et l'esprit. Souvent, une sorte de vibration intérieure semble résonner dans le corps. L'esprit, lui, est clair et plein d'énergie.*

de chaque mantra est faite pour attirer son énergie céleste. Ces mantras sont en sanskrit, langue sacrée connue pour contenir les sons primitifs qui ont changé le monde des formes en monde des êtres après que Brahma les a prononcés. Le méditant doit se concentrer sur le son en soi et pas sur la possible signification que les mots pourraient avoir. Les mantras bouddhistes tibétains sont en tibétain, et on utilise l'arabe, autre langue sacrée, quand on appelle le nom d'Allah. Dans le Christianisme, les catholiques romains utilisent le « Je vous salue Marie » et les églises orthodoxes russes et grecques utilisent « la Prière de Jésus » (« Seigneur, Jésus, aie pitié de moi, pêcheur »).

Les mantras peuvent être chantés, dits, ou murmurés et donnent à l'esprit un centre de concentration comme pour n'importe quel autre point de fixation. Si on vous donne un mantra au sein d'une grande tradition spirituelle, vous devez le recevoir lors d'une cérémonie qui investit le mantra pour vous et qui vous donne des instructions claires et précises sur la manière dont il doit être prononcé et utilisé. Mais on dit aussi que quelquefois vous pouvez créer votre propre mantra (un mot comme « paix » par exemple), et l'utiliser efficacement. Il est vrai que les mantras reçus ou créés servent de centres de concentration, bien que les sons de ceux que l'on reçoit aient assurément un impact spécial sur l'esprit, tout dépend, bien sûr, si vous avez un professeur qui peut vous en donner un (choisi pour s'harmoniser avec votre personnalité).

Compassion et guérison

La science moderne a clairement établi la relation entre l'esprit et le corps. L'esprit, qui joue un rôle dans l'activation du corps, est aussi responsable des tensions, crispations et du mauvais usage qu'on en fait. Selon des estimations récentes de membres du corps médical, environ un tiers des maladies physiques seraient d'origine psychologique, à cela s'ajouteraient les effets de l'esprit sur lui-même en cas d'anxiété, de dépression et de stress. Faute d'être un remède aux dommages que nous causons à nous-mêmes (et à autrui), la méditation aide le processus de guérison d'une façon particulière. J'ai souvent remarqué dans mon travail en psychologie, que malgré tous les excellents moyens de pénétrer l'esprit humain qu'offre cette discipline, la méditation reste le meilleur exercice que j'ai à enseigner et la meilleure voie vers la compréhension de Soi.

La méditation aide à la guérison à plusieurs niveaux. Le simple fait de méditer est un remède, et cela sans tenter de faire quoique ce soit de particulier. Le développement de la compassion envers autrui et envers soi issu de la méditation, soutient aussi la guérison. La compassion mène à la tranquillité et à la douceur, à une plus grande patience et tolérance, à une meilleure compréhension et prise de connaissance des problèmes, des souffrances et des défis que nous affrontons.

De plus, nous pouvons insérer des séances de guérison dans notre programme de méditation. Certains experts travaillant avec des exercices de visualisation pour traiter recommandent de se représenter les défenses immunitaires (personnalisées dans une forme choisie) et d'éliminer ce qui fait souffrir notre corps ou bien de se visualiser allant mieux. Quand nous sommes malades, nous pensons trop souvent à nous comme à quelqu'un de malade. Par exemple, les gens souffrant du dos, se voient handicapés par la douleur et se déplacent avec raideur et grande difficulté, ceux souffrant d'une maladie débilitante se voient démoralisés et les gens souffrant de dépression se voient déprimés. Grâce à la méditation vous pouvez remplacer ces pensées négatives par des pensées positives. Une femme avec des douleurs dans le dos peut se représenter (à l'intérieur de son corps ou comme si elle s'observait de l'extérieur) courant le long d'une plage. Un homme souffrant d'une maladie débilitante peut s'imaginer à nouveau fort et serein et les gens dépressifs peuvent se représenter heureux profitant des choses que font les gens heureux.

La méditation peut aussi aider à gérer la douleur. Le méditant apprend à se concentrer sur la respiration plutôt que sur la douleur. La douleur, encore là, n'est plus au premier plan de votre conscience. Certains professeurs recommandent, en fait, de fixer son attention sur la douleur, de l'observer impassiblement et de la laisser s'atténuer et se relâcher.

MÉDITATION 43 : **Aidez à la guérison chez autrui**

Selon les traditions spirituelles, la prière peut aider à la guérison de soi et d'autrui. Les guérisseurs spirituels croient aussi pouvoir envoyer des ondes curatives à ceux qui en ont besoin. La science a presque toujours rejeté ces dires jusqu'à présent, mais des recherches récentes dans des hôpitaux américains ont démontré que des groupes de patients atteints du SIDA et de maladies cardiaques ayant prié ou ayant reçu une guérison à distance par la prière ou par des groupes de guérison ont montré des progrès plus significatifs que des groupes n'en ayant pas bénéficié.

- *Pour essayer d'envoyer des ondes curatives pendant la méditation, concentrez-vous sur l'image du patient. À chaque expiration, imaginez-vous envoyant des courants de lumière blanche réparatrice à cette image. Pratiquez plusieurs séances durant.*

- *Vous pouvez aussi vous représenter une image du patient recevant cette énergie et commençant à se sentir mieux.*

- *Si le patient croit en la guérison à distance, son esprit pourra aider au processus de guérison. Si vous souhaitez explorer votre propre part dans ce processus, le patient ne devrait pas avoir connaissance du moment où votre méditation a eu lieu. Vérifiez plus tard si le patient a ressenti quelque chose de particulier à ce moment-là.*

Quelques informations supplémentaires sur la méditation et la guérison

La méditation utilisée avec des affirmations positives peut aider à la guérison physique et psychologique. Tel un mantra, on peut murmurer ou réciter l'affirmation à haute voix comme point de fixation pendant toute la méditation. Les affirmations positives sont constituées de données positives sur nous-mêmes. Par exemple, quand vous traitez la dépression, dites-vous « mon moral s'améliore » et quand vous traitez la timidité, « je suis ouvert et confiant envers les autres ». Choisissez une association de mots simples qui semble adaptée au problème à traiter. L'inconscient est bien plus réceptif au message et prêt, s'il s'agit d'un problème physique, à laisser passer l'énergie curative jusqu'à l'endroit désiré si vous ne l'encombrez pas avec des affirmations contenant plus d'une instruction. Si vous voulez utiliser plusieurs affirmations, alors séparément. Vous pouvez le faire autant que possible, comme un mantra, mais au contraire du mantra où le son est important, portez ici toute votre attention sur le sens réel des mots.

Pour obtenir un meilleur résultat, suivez l'affirmation en la représentant visuellement – par exemple vous-même parlant avec assurance à une salle pleine de monde. Utilisez aussi ces affirmations pour envoyer des ondes curatives aux autres.

MÉDITATION 44 : **Pratiquez l'auto-guérison**

Les affirmations positives fonctionnent si vous y croyez, donc choisissez-en des crédibles sans attente de miracles instantanés. Si vous traitez un problème complexe, opérez pas à pas, affirmation par affirmation, sans faire de gros efforts pour y croire car incompatibles avec la méditation. Gardez à l'esprit cette affirmation légère et claire, confiant de sa valeur et n'attendez pas de résultats immédiats. De nouveau, la méditation n'est pas un remède en soi, c'est un moyen de bien vous préparer pour favoriser la guérison.

1 *Pratiquez la visualisation du « lieu préféré » (voir p. 132) en appelant à votre esprit la scène générale, puis regardez chaque détail de près en les clarifiant à tour de rôle. Gardez la visualisation et laissez les sentiments liés à ce lieu vous envahir, puis imaginez-vous entrer dans la scène.*

2 *Si vous avez du mal à entrer dans la scène, aidez-vous des cartes de Tarot. Choisissez une carte illustrant votre lieu fétiche et un archétype pour vous aider sur le psychologique ou spirituel. Placez-la à hauteur des yeux pour vous concentrer en méditation.*

3 *Quand l'image est claire, fermez les yeux et maintenez cette visualisation. Visualisez-vous ou sentez-vous entrer dans l'image.*

Un autre moyen de se servir de la méditation de guérison est de visualiser votre lieu préféré – en montagne, à la mer, en forêt, dans une pièce calme ou dans une galerie d'art. Peu importe où cela se trouve, créez la visualisation aussi détaillée que possible, puis imaginez-vous, détendu et serein, dans ce lieu. Vous pouvez aussi vous visualiser, soit dans votre lieu préféré ou sur votre coussin, plongé dans une lumière de guérison provenant d'une source spirituelle. Beaucoup choisissent de visualiser le blanc, mais vous pouvez prendre la couleur qui convient à vos besoins du moment. Ainsi le bleu est idéal pour la détente, le vert pour la sensation de rajeunir, le rouge pour l'énergie, le orange pour la spiritualité. Asseyez-vous comme au pied d'un cône de cette lumière jaillissante vous envahissant, vous et l'espace qui vous entoure. Essayez de porter quelque chose dans la couleur que vous avez choisie pendant et après la séance.

Pour finir, il est avéré que le rire et le sourire libèrent des substances chimiques agréables dans le flux sanguin. Les professeurs bouddhistes conseillent de s'asseoir un demi-sourire aux lèvres (c'est assez aisé une fois que la méditation vous relaxe et très facile quand vous entrez en état de tranquillité), sourire qui devrait ainsi avoir des bienfaits physiques et psychologiques. Souriez plus au quotidien – aux autres, à des choses que vous aimez, à votre reflet dans un miroir. Le sourire illumine le reste du monde et dit à votre inconscient que vous voulez être heureux.

MÉDITATION 45 : **Gérez la sous-estime de soi**

De nombreux psychologues et psychothérapeutes reconnaissent que l'incapacité à s'estimer soi-même est à l'origine de nombreux problèmes psychologiques voire physiques. La sous-estime de soi ou la faible acceptance de soi a un effet destructeur sur notre esprit, sur notre énergie mentale et physique, sur nos relations humaines et sur notre efficacité générale dans la vie. Chacune des méditations, dont nous avons parlé en rapport avec la guérison, peut aider à augmenter l'estime de soi, ou vous pouvez les combiner comme expliqué ci-dessous.

1 *Choisissez une affirmation positive qui semble vous convenir : « Bien sûr, je peux », et si vous souhaitez être plus précis, vous choisissez « je peux arriver à... », « je pense du bien de moi », « les gens vont m'apprécier ». Utilisez-la aussi souvent que possible.*

2 *Représentez-vous dans des situations où la sous-estime de vous-même a été un problème dans le passé, et regardez-vous agir efficacement. Remarquez que les gens approuvent en vous souriant.*

3 *Voyez-vous baigné dans une couleur que vous associez au succès et à la popularité.*

4 *Visualisez-vous dans l'enfance, réussissant là où vous vous étiez senti en situation d'échec.*

Habitudes et relations

La méditation peut changer la vie si on la pratique régulièrement et avec engagement. Elle apporte de subtils changements dans la conscience en plus d'autres bienfaits multiples. Le méditant en devenant psychologiquement et émotionnellement plus équilibré, plus calme et tranquille, peut remarquer qu'un certain nombre d'habitudes dont il essaie depuis des années de se débarrasser disparaissent d'elles-mêmes et perdent de leur charme et de l'emprise sur l'esprit et le corps. En diminuant le stress, la méditation supprime aussi le besoin d'habitudes, comme le tabac et l'alcool jusqu'à présent utilisés pour combattre les tensions de la vie quotidienne.

La méditation peut être aussi utilisée pour aider à vaincre ces habitudes. Il existe deux moyens. D'abord, le méditant peut essayer d'identifier en lui les causes de l'habitude en question. (Ceci sera traité dans le chapitre 4). Ensuite, il peut utiliser des affirmations positives et des visualisations. Un vieux dicton respecté dans la psychologie moderne dit : nous sommes comme nous pensons. Si nous pensons à nous comme ayant réussi, ou ayant obtenu des qualités et des aptitudes désirables, nous sommes tout près de les rendre réelles. La modestie et le réalisme sont les meilleurs moyens d'y parvenir, souhaitant juste accomplir quelque chose qui favorise le développement de Soi.

46 : **Modifiez vos habitudes et améliorez vos relations**

La première partie de cette méditation utilise une affirmation positive et une visualisation pour vaincre des habitudes indésirables. La deuxième partie concerne un domaine problématique, la difficulté des relations humaines. Elles peuvent survenir de la nature même des gens avec qui vous avez à faire, ou des frictions dans des relations affectueuses ou satisfaisantes – entre partenaires ou dans la famille.

1 *Pour une habitude indésirable, comme le tabac, choisissez une affirmation positive telle que « Je suis assez fort pour arrêter ». Remarquez que vous affirmez la qualité requise pour arrêter et non que vous allez arrêter. En plus, imaginez-vous dans des situations où normalement vous fumez, et observez-vous résister. Si l'envie vous submerge, cessez la visualisation, reconcentrez-vous sur la respiration. Quand l'envie s'estompe, revenez à votre visualisation.*

2 *La méditation* metta *(amour bienveillant) décrite au chapitre 1 (voir méditation 12, p. 50) est utile pour traiter des relations difficiles ou des problèmes dans des relations saines. Complétez en visualisant des situations problématiques et observez-vous les traiter avec plus de sensibilité. Faites naître le sentiment de vouloir comprendre l'autre et ses difficultés, de le voir heureux. Si cela semble dur, qu'est-ce qui, en vous, rend la situation difficile ?*

Chapitre 4

La connaissance de soi

- *Qu'avons-nous appris jusqu'ici ?*
- *Examiner les pensées*
- *Examiner les émotions et les sentiments*
- *Utiliser des kôans*
- *Comprendre le conundrum*
- *La méthode de recherche*
- *Qui suis-je ?*
- *Poser la question existentielle*
- *Y-a-t-il quelqu'un ?*
- *Continuer a pratiquer*
- *Travailler avec un groupe et un professeur*
- *Conclusion*

La connaissance de soi, troisième étape dans le processus de méditation, concerne la conscience de soi qui émerge quand le méditant est en état de tranquillité. Impossible à décrire, nous devons vivre cette connaissance de soi plutôt que de lire ou d'écrire sur le sujet. Il est néanmoins possible d'en expliquer les généralités et les exercices. Les pages suivantes en donnent un aperçu.

Une fois le stade de la tranquillité établi en méditation, les connaissances tendent à surgir d'elles-mêmes. Nous pouvons les ignorer au même titre que les distractions ou alors les observer et en prendre bonne note. Elles ne sont pas toujours ce à quoi nous nous attendions, et il est possible de ressentir une peur existentielle si, par exemple, elles révèlent que, ce que nous pensions être nous, n'est en fait qu'un ensemble de réflexes conditionnés qui doivent être mis de côté si nous souhaitons ressentir le pur mystère de l'existence. D'autres connaissances peuvent entraîner un bonheur suprême semblable à celui ressenti au cours d'une expérience mystique. Ce qui survient doit être observé sans juger. Ce qui existe, existe et ce qui n'a pas d'existence réelle n'existe pas. Le reste peut être une forme d'illusion de soi.

Qu'avons-nous appris jusqu'ici ?

La méditation n'est pas comme les autres formes d'apprentissage. Généralement, quand nous apprenons, nos progrès sont continus. Nous pouvons oublier certaines choses et avoir à les réviser, mais le plus souvent nos progrès suivent une courbe ascendante visible. En revanche, en méditation le progrès est difficile à mesurer. Parfois, nous semblons reculer. Les circonstances et notre état d'esprit jouent un rôle très important quand nous méditons, et il est souvent malaisé de reconnaître si un manque apparent de progrès est dû à l'intrusion de problèmes matériels ou à notre rôle en tant que méditant.

Nous avons déjà mentionné que des progrès peuvent parfois se produire quand nous en sommes le moins conscient. Quelques minutes de calme durant une méditation très perturbée peuvent nous enseigner plus qu'une heure de calme à un moment de notre vie ou tout se passe bien. Néanmoins, il y aura toujours d'assez longues périodes où nous sentirons que nous n'avançons pas et que nous perdons nos acquis. Comment continuer durant ces périodes ? Il faut tout d'abord admettre que c'est durant des périodes difficiles ou particulièrement exaltées de notre vie que nous avons le plus besoin de méditer. Si notre esprit n'était pas difficile à contrôler dans ces moments, nous n'aurions alors pas besoin de la méditation.

C'est justement parce que notre esprit est si réticent et échoue à s'autocontrôler que nous avons besoin de la méditation.

Ensuite, il faut vous pencher sur la force de votre motivation. La méditation est-elle juste devenue une habitude, vingt minutes ou une demi-heure à traverser chaque jour afin de se sentir vertueux, avec ou sans concentration ? Si c'est le cas, il faut revoir votre motivation. Reprogrammez-vous. Retrouvez la motivation de vos débuts. Repensez à vos raisons de méditer et aux bienfaits que cela vous procure. Renforcez votre résolution à rester focalisé et concentré. Si vous perdez patience, rappelez-vous le vieux dicton qui dit que le temps n'est rien dans cette pratique. Nous ne pouvons pas évaluer les progrès par rapport au temps passé, comme dans les autres apprentissages.

Que devriez-vous donc avoir appris jusqu'ici ? Évidemment, vous connaissez les différentes techniques, même si vous n'êtes pas satisfait de la façon dont vous les pratiquez. Vous devriez avoir appris l'importance de la concentration et de la capacité à la maintenir, au moins un court moment durant certaines séances. Vous devriez être familier avec les différentes façons dont vous pouvez utiliser la respiration et avec laquelle vous pouvez incorporer la visualisation à la méditation, pour la santé ou d'autres raisons. Vous devriez être conscient du son, des mantras, des mandalas et des yantras. Vous devriez savoir comment établir un programme de méditation et comment effectuer des bilans quotidiens et hebdomadaires. Vous devriez aussi connaître l'importance de la pleine conscience et la manière avec laquelle les rêves peuvent être remémorés et votre vie onirique améliorée. Vous devriez sentir comment la compassion peut survenir de la méditation, et comment la pratique *metta* peut susciter cette compassion et améliorer les rapports. Vous devriez aussi être conscient de la relation entre les niveaux conscient et inconscient de l'esprit et entre l'esprit et le corps.

Si ce n'est pas le cas à ce stade, cela vaut la peine de revoir les méditations et chapitres précédents. Passez un peu de temps à repérer vos possibles difficultés de pratique et essayez d'identifier les causes et les façons d'y remédier. Quand vous êtes satisfait de vos progrès et que vous vous sentez prêt à commencer la troisième étape de la méditation, essayez la méditation qui suit. L'exercice utilise les pensées comme point d'attention. C'est une forme de méditation avancée et présuppose que le méditant ait atteint le stade auquel il peut observer les pensées objectivement, comme si elles étaient indépendantes de l'observateur et sans qu'elles ne le distraient.

MÉDITATION 47 : **Vous n'êtes pas vos pensées**

Dans la méditation 4 (voir p. 25), le méditant observait le va-et-vient des pensées. L'exercice suivant amène l'observation des pensées au niveau méditatif de la connaissance de soi.

1 *Entrez en méditation en vous concentrant sur le souffle. Une fois en état de tranquillité, portez votre attention sur vos pensées. Suivez chaque pensée dès qu'elle apparaît ainsi que le laps de temps entre elles. Celui-ci peut être long ou court. Vous pouvez parfois avoir la sensation qu'une pensée essaie de pénétrer dans la conscience mais elle n'en a pas la force nécessaire. Suivez les pensées qui émergent.*

2 *Ces pensées arrivent-elles au hasard ou y a-t-il un schéma ? Faites attention aux enchaînements d'associations. Quels thèmes apparaissent ? Notez ces thèmes et pensez-y après la méditation de la manière expliquée dans la prochaine partie (voir pp. 142–143).*

3 *Finalement, êtes-vous vos pensées ? Êtes-vous toujours là durant les intervalles de temps entre vos pensées ?*

Examiner les pensées

La méditation 47 vous demandait de suivre vos pensées et de noter enchaînements associatifs et thèmes qui surgissent. Ce n'est pas facile. Les pensées peuvent être très captivantes. Parfois, c'est comme si les traitements de la pensée avaient pour but d'attirer l'attention du méditant. Souvenirs heureux, rêves attrayants, choses urgentes à faire, idées lumineuses, inquiétudes, espoirs et attentes font surface, réclamant notre attention.

Mais le méditant aguerri refuse de se laisser séduire. Même les pensées lourdes en émotion sont juste, comme l'émotion, observées de l'extérieur. Au cours de cette observation, de nombreuses révélations sur la nature de notre propre réflexion et sur la réflexion en général surviennent. Ces connaissances de soi ne sont recherchées qu'après la méditation, quand elles peuvent être examinées avec calme. Elles peuvent par exemple révéler la nature futile et imprécise d'une grande partie de notre réflexion, ou montrer la façon dont nos pensées s'enchaînent sans sembler mener nulle part. Ces connaissances peuvent révéler la quantité des pensées liées à l'égo – la fierté des choses accomplies, la justification de soi, les ressentiments, nos manigances, l'inquiétude pour nos possessions matérielles. Elles peuvent montrer combien d'entre elles sont liées au passé ou au futur, alors que le présent se perd au milieu.

La nature superficielle et autocentrée de la réflexion peut surprendre. La prédominance des pensées sexuelles et des inquiétudes sur des problèmes mineurs est tout aussi surprenante. Ces connaissances ne révèlent pas seulement la nature gaspilleuse et improductive d'une grande partie de notre pensée, mais aussi les prédispositions et les comportements avec lesquels nous abordons le monde. Pourquoi avons-nous tant de pensées sur nous-mêmes et si peu sur les autres ? Tant sur ce qui nous appartient ou que nous convoitons et si peu sur les questions spirituelles ? Pourquoi y a-t-il parfois si peu de compassion, de charité et d'amour dans notre pensée, si peu de vraie créativité et de sensibilité ?

Néanmoins il peut aussi y avoir des choses de valeur : des lignes de pensée encourageantes, le souci et l'inquiétude pour la famille, les amis et pour les déshérités, la connaissance des raisons des difficultés à méditer et des améliorations à apporter. Ceci montre un niveau bien plus productif et enrichissant de notre pensée.

Maintenant que vous avez examiné les détails de votre pensée, passez au processus de réflexion lui-même. D'où proviennent les pensées ? Le saurons-nous jamais ? Et si non, pourquoi ? Est-il possible de suivre les pensées jusqu'à leur point de départ ? Peut-on dire que les pensées viennent de notre intérieur ou de l'extérieur ? Et qu'en est-il de ces pensées inspirées qui nous surprennent et nous laissent stupéfaits de notre capacité à penser de façon si créative ?

MÉDITATION 48 : **Vous n'êtes pas votre corps**

Les méditations 48 et 49 ont été introduites dans le chapitre 1 (voir méditation 5, p. 27). Nous pouvons à présent les approfondir pour favoriser la connaissance de soi. Cette méditation consiste, en partie, à répéter « je ne suis pas mes pensées, je ne suis pas mon corps ». Si nous sommes notre corps (y compris le cerveau), lorsque le corps meurt, nous mourrons. Cette méditation nous aide à examiner si nous sommes ou non ce corps.

1 *Détournez votre attention de votre souffle vers votre corps. Permettez à votre conscience de le survoler. Ce corps change chaque jour, tous les 8 ans environ chaque cellule est renouvelée. Êtes-vous ce corps toujours changeant ?*

2 *Le cerveau aussi change et se renouvelle en suivant ce cycle de huit ans. Pouvez-vous être ce cerveau ? Si vous l'êtes, comment se fait-il que vous vous souveniez de votre vie d'il y a plus de huit ans ?*

3 *Si vous n'êtes pas votre corps, qui êtes-vous ?*

Ne laissez pas cette méditation vous désorienter. Bien sûr que vous êtes votre corps, votre cerveau et vos pensées. Mais, vous n'êtes pas juste cela. Ceux sont des aspects transitoires de vous-même. Une sur-identification à eux peut entraver votre reconnaissance de ce qui se cache derrière.

MÉDITATION 49 : **Vous n'êtes pas vos sentiments**

Si vous n'êtes ni vos pensées, ni votre corps, êtes-vous vos sentiments ? Les sentiments, reliés aux émotions, sont une partie majeure de la vie. Nous nous sentons bien, ou pas, etc. De même que pour les pensées et le corps, nous pouvons observer ces sentiments.

1 *Commencez votre méditation comme d'habitude, puis tournez votre attention sur la façon dont vous vous sentez sur le moment. Détendu, heureux, triste ? Entre les deux ? Quel est ce sentiment ? Où est-il ? Remarquez le fait que l'observer peut le changer. Mais comment ?*

2 *Ayez conscience de la façon dont les sentiments vont et viennent.*

3 *Êtes-vous ces sentiments ?*

Cette méditation ne suggère pas que les sentiments sont mauvais. Ils font partie des couleurs de la vie qui serait sinon bien triste et ennuyeuse. Mais laisser nos sentiments négatifs nous contrôler est un problème qui nous conduit à une peur, une colère, un ressentiment ou une frustration inutile. Une sur-identification à nos sentiments signifie que nous nous accrochons à des états d'esprit négatifs alors que nous aurions dû les mettre de côté depuis bien longtemps. Considérer les sentiments négatifs comme des états transitionnels permet de garder la mesure.

Examiner les émotions et les sentiments

Émotions et sentiments (les deux sont intimement liés, même s'il est possible d'avoir des sentiments sans poids émotionnel) peuvent survenir, en méditation, aussi souvent que les pensées. Parfois, nous devenons émotifs sans raison apparente dès que nous nous asseyons ou qu'une émotion nous envahit durant la séance. Certains pleurent ou rient sans pouvoir se contrôler. Souvent ces émotions déclenchent des pensées.

Nous pouvons vouloir comprendre pourquoi nous sommes émotifs ou l'émotion peut déclencher des pensées associées et inversement. Nous nous rappelons une dispute avec un collègue déraisonnable (de notre point de vue) et aussitôt notre colère ou notre sentiment de stupéfaction surgit. Nous pensons à un être aimé et une soudaine vague de tendresse et de désir nous envahit ou nous ressentons de l'enthousiasme en pensant à nos prochaines vacances.

Comme pour les pensées, le méditant aguerri observe ces émotions et sentiments sans se laisser submerger. Cela ne veut pas dire que nous devenons émotionnellement froids, ou que nous essayons de réprimer notre vie affective. Nous ressentons les émotions et les sentiments (autrement ils n'existeraient pas) sans essayer de les décourager. Mais nous devrions les considérer avec curiosité plus qu'avec intérêt quand nous méditons. Les émotions et les sentiments possèdent intérêt et valeur et sont donc observés dans la méditation dans un état d'esprit qui nous permet de les comprendre. Leur caractère devient plus évident. Aucun n'est rejeté, tous sont observés. On ne les juge pas. Cela vient après la méditation, lorsque des émotions et des sentiments peuvent être perçus comme indignes et d'autres comme enrichissants. Pour l'instant ils sont juste observés avec la même attention que celle portée à tout autre point de fixation en méditation.

En progressant, les émotions et les sentiments, tout comme les pensées, surviennent moins souvent. Parfois les souvenirs d'expériences douloureuses peuvent revenir en mémoire, mais au lieu de déclencher de l'embarras ou de la colère, ils disparaissent dans l'espace infini de notre esprit. Ces souvenirs n'ont plus la même importance. Les pensées, les émotions et les sentiments n'ont plus le contrôle du méditant, avec son esprit comme victime. Ils font alors partie de la fantastique tapisserie de la vie, de ce qui nous rend humain. Ils ne sont plus considérés comme la tapisserie elle-même, ou comme notre humanité elle-même. Ils apparaissent et disparaissent. Qu'y a-t-il au-delà et derrière ce jeu d'expérience interne ?

Le méditant peut alors chercher l'origine de ces émotions et sentiments. Comme les pensées, ils semblent provenir du néant et y retourner. Quel est ce néant ? Peut-il être ressenti ? Si c'est le cas, quelle est notre relation à lui ?

Utiliser des kôans

Les kôans sont l'aide la plus intrigante et la plus énigmatique (certains diraient un obstacle) au stade de méditation de la connaissance de soi. Ce sont des déclarations énigmatiques ou des questions dépourvues de sens logique. Utilisés surtout par l'école Rinzai du bouddhisme Zen, ils sont remis de manière individuelle par le maître à chacun de ses élèves, qui les utilisent comme point de fixation en méditation. Les kôans ont différents niveaux de difficulté et le maître sélectionne le kôan selon le stade de développement de son élève. Une fois le maître satisfait par la résolution du kôan, l'élève en reçoit un autre.

Pourquoi sont-ils utiles en méditation et souvent préférés dans le Zen Rinzai comme point de fixation ? Une explication serait qu'ils conduisent l'esprit au-delà des limites de la réflexion logique linéaire, menant ainsi l'esprit à découvrir soudainement ce qui est à la base des processus de pensée qui habituellement le dominent. Mais, comme toute simplification, cette réponse n'est qu'en partie vraie. Le kôan est plus que cela, et le maître prévient ses élèves de ne pas s'engager dans la méditation d'un kôan avec des opinions préconçues sur ce qu'on en attend.

Le kôan le plus connu est « quel est le son d'une main qui applaudit ? ». Il n'y a pas de réponse logique. Même la réponse « silence » s'avèrerait fausse parce que le silence n'est pas une conséquence de l'applaudissement. Il y a 48 kôans dans le *Mu Mon Kan* (*la barrière sans porte*), et 100 dans le *Hekiganroku* (*le recueil de la falaise bleue*), qui sont les deux plus célèbres recueils de kôans. Tous les kôans de ces recueils sont associés à de courtes histoires et à des commentaires des précédents maîtres Zen qui sont aussi énigmatiques que les kôans eux-mêmes. Habituellement, le maître donne « Mu » comme premier kôan. Dans l'histoire de « Mu », quand il fut demandé au IXe siècle au maître chinois Joshu « un chien a-t-il l'essence d'un bouddha ? », celui-ci répondit simplement « *Mu* » (« *Wù* » en chinois). A première vue, « *Mu* » qui peut être traduit par « vacuité totale » semble indiquer que le chien n'a pas l'essence d'un bouddha. Mais, « *Mu* » est un négatif au-delà du positif et du négatif. Donc qu'a voulu dire Joshu ?

L'élève se concentre sur « Mu » jusqu'à ce qu'une révélation soudaine de son sens apparaisse. A l'entrevue suivante avec le maître, l'élève donne sa réponse. Le maître écoute, fait sûrement un signe de la tête et sonne la cloche qui signale la fin de l'entrevue. La révélation est inexacte et l'élève retourne à son coussin de méditation pour essayer de nouveau. Ce processus peut durer des semaines, des mois voire plus, jusqu'à ce qu'un jour peut-être, sans dire un mot (on dit que le maître voit si la révélation a été atteinte) l'élève satisfasse le maître et qu'il lui soit remis un autre kôan sur lequel travailler.

Comprendre le conundrum

Quel genre de réponse l'élève a-t-il pu donner au kôan « Mu » ? Vous ne le saurez qu'en travaillant vous-même sur le kôan. C'est le raisonnement qui a de la valeur. Sans lui, la réponse est dénuée de sens. Il ne s'agit pas ici du genre de question d'examen à laquelle il n'y a qu'une réponse acceptable et que l'on pourrait copier sur le voisin. Le kôan est un exercice de l'esprit et nous ne pouvons rien en retirer si nous ne le faisons pas nous-mêmes.

L'un des passages les plus utiles parmi les diverses commentaires des kôans est fourni par le maître Zen Mumon au sujet du célèbre kôan de Joshu « chêne ». On a demandé à Joshu « que signifie la venue de Bohiddharma (le patriarche indien Zen) en Chine ? », ce à quoi il répondit « le chêne dans le jardin ». Quelle serait votre réponse ? Pour vous aider, Mumon (dans la traduction du *Mu Mon Kan* de Sekida) a écrit :

> Les mots ne peuvent pas tout dire
> Le message de l'esprit ne peut être délivré par des mots.
> Si quelqu'un entend littéralement les mots il sera perdu
> Bloqué par les phrases l'homme est déconcerté.

La question posée à Joshu peut être comprise comme « Pourquoi le bouddhisme ? » Ou pourquoi un chemin spirituel ? Difficile de répondre avec des mots !

MÉDITATION 50 : **Examinez un kôan**

La méditation du kôan nécessite la présence d'un maître Zen, qui a lui-même résolu le kôan et qui est donc capable d'évaluer les progrès de l'élève. Cependant, si l'élève ne se laisse pas emporter par les révélations qui apparaissent et qu'il ne suppose pas que le kôan a été résolu, l'exercice avec des kôans est utile pour apaiser l'esprit et observer ce qui survient dans l'immobilisme.

1 *Supposons que vous travaillez sur le « Mu » de Joshu. Un maître Ch'an (le Zen chinois) m'a enseigné de conserver le kôan à l'esprit comme quelque chose de doux. « Ne demandez pas la réponse à vous, mais au kôan ». Un autre maître m'a dit de faire comme si je demandais le kôan à un ami sage « assis en face de moi mais qui ne répondrait jamais ».*

2 *Peu importe la méthode qui vous plaît le plus, jouez avec le kôan plutôt que de l'aborder comme un problème logique. On dit qu'en jouant avec lui, en y réfléchissant bien, il fini par devenir « une grande boule de doute » et vous ressentez l'urgence de la résoudre.*

3 *Vous pouvez penser à* « Mu » *comme « vacuité totale » ou simplement comme* « Mu ». *La réponse de Joshu signifie-t-elle que le chien a l'essence d'un bouddha (potentiel d'éclaircissement) et que l'essence d'un Buddha est « vacuité totale » ?*

MÉDITATION 50 : *suite*

4 *Un des avantages du kôan est qu'il peut devenir un compagnon précieux, même en dehors des séances de méditation. « Qu'est-ce que le rien ? » « Un arbre est-il rien ? » « Suis-je rien ? » Ne vous attendez pas à ce que les révélations qui apparaissent aient une relation évidente avec la question elle-même.*

5 *Vous souhaiterez peut-être essayer le kôan suivant, qui est connu sous le nom de Gonsen kôan dans la méditation Zen Rinzai. Il est réputé pour déboucher sur un monde de beauté et de sagesse. La question « Le discours et le silence sont concernés par le sujet et l'objet. Comment puis-je transcender les deux ? » est suivie de la réponse « Je pense toujours à Konan (province chinoise) en mars. Les perdrix pépient au milieu des fleurs odorantes. »*

Le voyez-vous ? Gardez simplement la question à l'esprit et observez la révélation qui émerge de la réponse.

En plus des questions ou déclarations paradoxales, certains kôans impliquent un jeu de questions-réponses entre l'élève et son professeur. Un élève demanda à son professeur « Quel est le grand chemin ? » Le maître répondit « il est juste devant vous. » « Pourquoi ne le vois-je pas ? » demanda l'élève. « Parce que vous pensez à vous-même. » répondit le maître.

La méthode de recherche

La conception du « grand doute » (ou « grand esprit de recherche ») est très présente dans les traditions qui suivent la voie du yoga *gnana*, pratique spirituelle conçue pour encourager le développement du savoir. Dans ce contexte, le savoir ne signifie pas uniquement le savoir intellectuel mais aussi la sagesse intuitive qui provient d'une profonde exploration intérieure. Ces pratiques se commencent avec une « grande foi » – la conviction intérieure qu'une réponse attend la personne en quête sincère de spiritualité. Au fur et à mesure de la quête, l'esprit de recherche grandit jusqu'à fournir l'énergie nécessaire à la découverte spirituelle. Le savoir remplace alors la foi. C'est la perle de grande valeur dont parle le Christ, le Saint Graal, le Royaume du Paradis, dans ce monde ou dans les suivants.

Une fois que l'esprit de recherche apparaît, il reste toujours présent, dans l'éveil et le sommeil, en méditation et dans la vie de tous les jours. Une fois que le kôan s'est révélé à nous il reste pour toujours. Les kôans sont tous différents et déverrouillent des niveaux de l'esprit de plus en plus éclairants, mais tous sont des questions sur la nature essentielle, le sens et le but de la vie. En vérité, la vie elle-même est le kôan, cette expérience mystérieuse et contradictoire qui nous est donnée. D'où est-elle donnée et pourquoi ? Le méditant questionne son kôan afin de savoir.

Qui suis-je ?

D'une certaine manière, tous les kôans sont associés à la question existentielle fondamentale « Qui suis-je ? ». La plupart des non-méditants trouvent cette question étrange, et ont tendance à affirmer « Bien sûr que nous savons qui nous sommes ! » Mais le savons-nous vraiment ? Il existe un exercice, conçu par des professeurs du bouddhisme Zen occidental, qui place deux élèves assis l'un en face de l'autre. Le professeur sonne une cloche, et un des élèves invite l'autre : « Dis-moi qui tu es ». Ce dernier essaie de répondre durant cinq minutes. Puis la cloche sonne et le second élève pose la même question au premier élève : « Dis-moi qui tu es ». Cinq minutes plus tard, la cloche sonne de nouveau et le jeu des questions reprend. Pendant toute la séance, la question va et vient et l'interrogateur ne répond jamais à aucune des réponses données. Il n'y a qu'une question.

Généralement, un élève répond d'abord à la requête par des faits, en donnant des noms, des détails professionnels, la situation de famille, l'origine des parents, l'âge, le sexe ou les hobbies. Mais l'interrogateur insiste : « Dis-moi qui tu es » et les réponses passent alors de détails personnels à des traits de caractères : « Je suis le genre de personne qui... », « Je me fâche pour... », « Je crois que j'ai un caractère plutôt... », etc.

Que sont les révélations ?

Qu'entendons-nous par révélations et comment les reconnaître ? Les révélations fournissent des bribes soudaines de compréhension qui mènent à la clarté. À travers eux nous voyons ce qui avant était obscur. Une révélation peut sembler nouvelle ou être quelque chose que nous avons toujours connu mais oublié depuis longtemps.

Ne soyez pas trop critique envers elles. Souvent les gens, à la lumière de la science, rejettent ces révélations de parties d'existence qui sont en réalité en dehors du champ de la science moderne. Laissez les révélations exister par elles-mêmes. Elles peuvent survenir de l'intuition (enseignement intérieur), et seule l'intuition peut connaître leur vérité ou inversement.

Ne soyez pas exalté si elles vous apparaissent vraies. Savourez et absorbez-les. Mais à part dans le cas de grandes illuminations, prenez le temps de les évaluer.

Mais après que l'exercice est en route depuis un certain temps, les réponses commencent à se tarir et pour finir cessent totalement. L'élève réalise qu'il ne connaît pas la réponse et parfois cette prise de conscience est très émotionnelle : « Je ne sais pas, je ne sais pas ! » s'exclame l'élève. Mais si le « je ne sais pas » vient du cœur, c'est un progrès important. Après avoir épuisé toutes les étiquettes qui ont été associées au Soi au fil des ans, l'élève réalise qu'aucune ne représentait qui il était vraiment et cette révélation provoque parfois de la colère ou des larmes. Dans un sens ou dans l'autre, cela révèle que la question a permis d'enlever le vernis qui nous séparait de notre Soi réel.

À un niveau plus profond, vous savez bien sûr qui vous êtes. Mais qui vous êtes est une expérience, non une formule. Cette expérience doit être vécue, vraiment et profondément (le professeur peut toujours reconnaître les simulations pendant l'entretien qui suit), si on veut répondre à la question et résoudre le kôan « Qui suis-je ? » (du moins, pour le moment !).

Relâcher

N'essayez pas trop d'expliquer ces révélations avec des mots, qui sont une entrave sur le chemin de la méditation. Si nous voulons définir et analyser ces révélations, nous devons utiliser des mots et comme le maître Zen Mumon le rappelait : « Les mots ne peuvent les exprimer ». Les révélations donnent, souvent, une explication au delà des mots. C'est cette illumination qui perdure.

Résister à la tentation de formuler ces révélations avec des termes logiques est un exemple de lâcher prise des pensées inutiles. En méditation, pensez à « laisse-les partir » – répétez cette phrase si les pensées ou les émotions vous envahissent.

Peu importe l'expérience que nous avons, tous les méditants autres que des maîtres (peut-être même des maîtres) trouvent que l'agitation intérieure essaie, par périodes, de se réaffirmer, en particulier si nous devenons suffisants et cessons d'être vigilants. Relâchez-la.

MÉDITATION 51 : **Faites une découverte existentielle**

La question « Qui suis-je ? » ne nécessite qu'une personne. Vous pouvez y travailler en utilisant la question comme votre kôan. Puisque c'est peut-être le kôan ultime, aucun de nous ne peut espérer fournir de réponses qui satisferont le maître Zen. Mais il ne nous empêcherait pas d'essayer – à condition de ne pas nous y accrocher comme si elles étaient définitives. Si elles nous semblent vraies, elles sont des indices sur la voie, mais rien de plus.

1 *Comme tous les kôans, traitez « Qui suis-je ? » avec une curiosité intriguée (comme si on vous avait donné un puzzle très intéressant à résoudre). Traitez-le avec légèreté, ce n'est pas une question de vie ou de mort – du moins pas dans le sens dont nous comprenons normalement ces termes. Nous ne devons pas en avoir peur. Quelles que soit les réponses qui se présentent, elles ne peuvent pas changer qui vous êtes, mais seulement les idées fausses sur qui vous êtes. Gardez la question en tête, comme si elle avait été posée par quelqu'un d'autre, très intéressé par votre réponse. Il n'est pas pressé. Le temps ne veut rien dire. La personne posant la question n'est ni critique, ni supérieure, ni ne s'ennuie. Elle écoute la réponse comme vous le feriez.*

2 *Les réponses qui surgissent semblent vous indiquer une solution, provenant parfois de l'endroit en vous qui sait déjà.*

Poser la question existentielle

À moins d'avoir un professeur qualifié qui vous autorise à continuer, n'insistez pas sur la question « Qui suis-je ? » si elle vous perturbe. Mettez-la de côté. Vous aurez le temps d'y revenir si vous le désirez. Il est certes troublant de découvrir que la personne que nous pensions être n'est qu'un rôle appris et non le vrai Soi. Mais ne vous inquiétez pas – le vrai Soi (terme inadapté) n'est pas à craindre. Et comme il est qui nous sommes, n'ayez pas peur qu'il vous échappe si vous cessez le travail sur le kôan.

Mais si vous souhaitez continuer, reconnaissez que le Soi que vous cherchez est le Soi qui cherche. Vous n'êtes pas, malgré ce que certains psychologues peuvent dire des « subpersonnalités », groupe de plusieurs Soi dont certains posent les questions et les autres tentent d'y répondre. En travaillant les méditations dans ce livre, vous aurez compris qu'un observateur tranquille se concentre sur la respiration, visualise, observe les pensées et les émotions, pose des questions existentielles. Qui est ce Soi ? Et pourquoi, au fil des ans, avez-vous perdu sa trace ?

En Occident, on attend des réponses qu'elles soient exprimées par des mots ou des formules, qu'elles correspondent aux questions posées, peu importe par qui, et qu'elles restent les mêmes, qu'on nous les donne ou qu'on les trouve en notre for intérieur. Les questions existentielles ne sont pas si franches.

La question subsiste

Comme tous les kôans, la question « Qui suis-je ? » peut être utilisée en dehors de la méditation formelle. Soit vous gardez la question dans votre esprit, avec la même attitude interloquée presque amusée que vous adoptez dans la méditation, soit – utilisant une méthode exercée par le grand sage hindou Ramana Maharshi – vous vous demandez « Qui fait cette action (peu importe laquelle) ? ». « Qui est celui qui respire ? » Voire même « Qui est celui qui pose la question ? »

Après avoir chanté le mantra du Bouddha Amitabha (« Namu Amidha Butsu » *ou* « Priez le Bouddha Amitabha »*) pendant des années, le sage bouddhiste Han Shan était conscient qu'il n'avait toujours pas atteint la réalisation finale de l'éclaircissement. Un jour, il rencontra un ermite qui lui conseilla de demander « Qui est celui qui chante le mantra de Bouddha ? » Han Shan suivit son conseil et devint un maître éclairé.*

Y a-t-il quelqu'un ?

Quand ce que nous avons appris au fil des ans est soigneusement arraché, y a-t-il quelqu'un ou quelque chose ? Certains bouddhistes occidentaux vous diront peut-être que non. D'autres vous diront de ne pas vous laisser tromper par ces mots « il y a »,« il n'y a pas ». Ils vous rappelleront aussi l'un des enseignements majeurs du bouddhisme : « quand les opposés surviennent, l'esprit du bouddha est perdu ». Chrétiens, Musulmans et de nombreux Hindous disent qu'il y a autre chose, une âme qui est une création ou une réflexion de Dieu et ils vous convieront à la trouver en vous. Suivez le chemin et la description qui vous attirent, mais n'écoutez pas seulement les descriptions faites par d'autres, « cherchez et vous trouverez » conseillent les grandes traditions.

Simplement écouter les autres revient à se contenter des descriptions d'un lointain pays sans le rechercher soi-même. Même si elles sont précises, elles ne remplacent pas l'expérience directe. La recherche fait elle-même partie de ce que nous recherchons, même si ce n'est pas toujours évident à comprendre.

Se rechercher soi-même c'est rechercher le sens non pas de sa vie mais de toute la vie. C'est rechercher le créateur de toute la vie et ces horizons infinis derrière les étroits murs entre lesquels nous nous confinons trop souvent.

MÉDITATION 52 : **Mettez les étiquettes de côté**

Les étiquettes auxquelles nous nous identifions sont vraies, d'une certaine façon. Nous les utilisons pour définir nos noms, nationalités et professions, et pour décrire notre personnalité, nos attitudes et intérêts. Elles permettent d'évoluer dans la société moderne, mais ne représentent que des vérités relatives et non absolues à notre sujet. A moins que vous ne les aimiez pas, il n'y a pas de raison de ressentir d'antipathies pour elles. Ces méditations vous aideront, mais ne les essayez pas si elles vous dérangent.

1 *Aidez-vous à voir au-delà de ces étiquettes en repensant à une époque où certaines ne s'appliquaient pas. Qui étiez-vous alors ?*

2 *Pensez à une époque future où certaines ne vous correspondront plus. Qui serez-vous alors ?*

3 *Pensez à l'évolution de vos comportements, de vos intérêts et de votre personnalité au fil des ans. Peuvent-ils être ce que vous êtes ?*

4 *Pensez aux séances de méditation durant lesquelles votre esprit est calme et comparez-les à des séances durant lesquelles il est très agité. Quelle est cette personne assise là dans les deux cas ?*

5 *Réfléchissez aux moments, en méditation, où les pensées et les sentiments ne dérangent plus. Qui êtes-vous alors ?*

Continuer à pratiquer

Au début, la méditation est une nouveauté. Beaucoup s'y mettent rapidement et annoncent des résultats immédiats. Ils se promènent avec un sourire calme, sont chaleureux, ouverts et patients avec les autres et sont persuadés que leur vie a changé pour de bon (dans les deux sens du terme). Cependant, quelques semaines plus tard le sourire est moins visible. Certes, ils méditent toujours mais ils ne le font plus tous les jours. Débordés, ils ont eu des invités, ont travaillé tard, il y a eu les vacances, etc. Encore quelques semaines et ils ne méditent plus du tout, mais ils s'y remettront dès que les choses se calmeront.

Ils disent sûrement la vérité. Une fois que les gens ont connu les bienfaits de la méditation, ils ont tendance à s'y remettre au cours des années suivantes, même de façon intermittente. Mais les premiers propos sont également vrais : beaucoup de personnes commencent un programme de méditation mais peu le poursuivent. Quelle en est la raison si la méditation apporte d'évidents bienfaits dès le début ? Une partie du problème vient du fait que l'esprit humain a un grand besoin de nouveauté.

Au bout d'un temps la méditation s'use. L'ennui évoqué dans le chapitre 2 joue aussi un rôle. Que pouvons-nous faire pour contrer cette tendance à délaisser la méditation ? Une étape consiste à trouver un bon professeur. Vu que les ermites et les moines itinérants le font (il leur arrive aussi de travailler avec un professeur), vous pouvez progresser par vous-même, mais il est préférable de pratiquer avec un bon professeur. (Reportez-vous à la page opposée pour des suggestions.)

Travailler avec un groupe (peut-être dirigé par votre professeur) apporte aussi un soutien car les membres d'un groupe s'entraident et s'encouragent. Un grand choix de livres est également disponible. Il est néanmoins crucial d'intégrer la méditation dans notre vie quotidienne au lieu de la limiter à la demi-heure de séance officielle. Pratiquez la pleine conscience et les diverses méditations associées aussi souvent que possible. Et voyez-vous comme un méditant plutôt qu'un dilettante.

Un mantra est également un atout inestimable. Votre professeur peut en choisir un pour vous ou vous pouvez le choisir vous-même. En dernier recours utilisez une affirmation positive. Pensez-y le plus souvent possible. Si vous le souhaitez vous pouvez aussi utiliser un *mala* (un jeu de perles, au nombre de 108 dans les traditions orientales) ou un chapelet et touchez chaque perle pour chaque répétition du mantra. Vous pouvez aussi utiliser le *mala* durant la méditation assise, tout particulièrement lorsque l'esprit est hyperactif.

Essayez d'adapter votre pratique de la méditation à votre personnalité. Les extravertis, plus enclins à des expériences extérieures, trouvent souvent la méditation assise plus difficile que les

Trouver un professeur

La grande majorité des professeurs de méditation sont associés à l'une ou l'autre des grandes traditions spirituelles, surtout l'hindouisme et le bouddhisme. Mais un bon professeur n'essayera jamais de vous endoctriner dans ses croyances spirituelles. Si vous n'êtes pas un membre de sa tradition, dites-le lui clairement ainsi que, si nécessaire, votre souhait de ne pas le devenir. Il comprendra et ne vous rejettera pas.

L'avantage des professeurs qui viennent des grandes traditions (il y a de plus en plus de bons professeurs au sein de la foi chrétienne et les groupes soufistes se banalisent), c'est qu'ils ont eu une formation de qualité, et qu'ils doivent répondre de leurs actes au sein de leur tradition. Ne voyez pas votre professeur comme un oracle, mais suivez attentivement ses conseils. Si vous ne l'aimez pas, cherchez-en un autre.

Partir en retraite

Les retraites sont une opportunité de vous consacrer à la méditation pour des périodes de quelques jours (de plus en plus longues avec l'expérience). Généralement, votre retraite sera organisée par votre professeur. Y participeront principalement des membres de votre groupe.

Veillez à connaître à l'avance ce que la retraite implique. Votre première expérience doit être exigeante mais pas écrasante. Quelle sera la durée des séances de méditation ? (pas plus d'une demi-heure pour les débutants). Combien de séances y aura-t-il par jour ? (laissez-vous guider par votre professeur, mais cinq ou six sont en général appropriés pour commencer). Comment le reste du temps sera-t-il utilisé ? La retraite aura-t-elle lieu dans le silence ? Quelle sera la qualité du logement ?

Assurez-vous que vous pouvez « redescendre » après la retraite lorsque vous retournez à la vie quotidienne. Cela peut être difficile. Les retraites sont un moment en dehors de la vie normale. Discutez-en avec votre professeur.

introvertis, plus sensibles aux états intérieurs. Si vous êtes très extraverti, utilisez des formes actives de méditation. Méditez par exemple lorsque vous sortez courir, marcher, faire du vélo ou nager, en gardant l'esprit centré sur le mouvement rythmique du corps. Beaucoup de sportifs disent atteindre une forme d'ivresse quand ils pratiquent leur sport, similaire aux états modifiés atteints à certains niveaux de méditation. Méditez pendant que vous jardinez en concentrant votre attention sur l'activité plutôt que sur vos pensées. Faites de même quand vous pratiquez votre passe temps préféré. Le bouddhisme parle d'un « état Zen » dans lequel l'esprit est si absorbé par une activité qu'il en perd toute notion du temps, de l'endroit et de lui-même. La psychologie moderne reconnaît la valeur de cet état parfois appelé « flot ».

Si votre méditation devient sporadique, demandez-vous pourquoi. Ne vous dites pas trop occupé : on trouve toujours du temps pour ce que l'on veut vraiment faire. Relisez votre journal de méditation et rappelez-vous les bienfaits que vous y avez inscrits. Notez votre résolution à continuer la pratique. Schématisez un programme réalisable. Notez ce qui vous paraît nuire à sa réalisation et comment le surmonter.

Enfin, considérez les questions qui vous ont mené à la méditation : le sens de la vie, l'existence d'une dimension spirituelle, la nature du Soi, l'esprit et l'âme. Continuez de rechercher des réponses en vous aidant de la méditation.

Travailler avec un groupe et un professeur

Les groupes se réunissent généralement autour d'un professeur et un bon groupe suit les conseils du professeur sans trop de dissensions. La plupart du cours dépend de lui. Il y a une vieille histoire au sujet d'un homme qui va voir le maître et lui demande ce qu'il doit faire pour devenir son élève. Le maître lui explique. L'homme écoute horrifié par le dévouement nécessaire et décide de demander plutôt comment devenir professeur. Le rôle du professeur peut sembler facile, mais il endosse une grande responsabilité pour le groupe. On dit dans le bouddhisme qu'il accepte le karma des élèves – il doit effectivement faire attention à ne pas les détourner du droit chemin.

Autrefois, les individus devaient souvent faire leurs preuves pour être acceptés. Certains restaient ainsi assis devant chez le maître durant des semaines, voire des années avant de prouver qu'elles étaient suffisamment dévoués pour devenir élèves. De nos jours c'est moins strict mais un certain degré d'engagement envers le professeur et le groupe est toujours nécessaire. Et bien que l'appartenance à un groupe puisse apporter de gros avantages, elle peut aussi causer des problèmes inattendus. L'esprit humain semble avoir une aptitude à l'irritation et au ressentiment et s'il n'est pas assouvi par les frictions de la vie quotidienne, il recherche d'autres exutoires. Un abbé m'a dit un jour qu'il lui était désagréable, surtout durant les repas et dans le hall de méditation, de s'asseoir près d'un moine qui ne cessait d'éternuer. Peu importe si elles sont insignifiantes, ces petites choses peuvent prendre une proportion démesurée dans un travail de groupe.

Il est dit au méditant d'utiliser ces irritations comme moyen d'apprentissage. Si des irritations et des ressentiments apparaissent sans raison valable, que représentent-ils ? Pourquoi et d'où viennent-ils ? Comment les écarter ? De tels sentiments peuvent aussi se développer envers un professeur. Il peut parfois paraître d'une suffisance insupportable ou trop exigeant ou favoriser certains élèves. Un professeur avec qui j'ai travaillé il y a longtemps était parti à l'étranger étudier auprès d'un maître hautement respecté. A son retour il me relata sa colère quand le maître corrigea des aspects de sa pratique. Il se surprit en train de rejeter l'idée que le maître s'y connaissait vraiment en méditation. Ce ne fut qu'une fois qu'il eut passé ce stade initial d'hostilité que put commencer le processus d'apprentissage – avec ses multiples bienfaits.

Vous pouvez être confronté à un autre défi lors d'un travail en groupe. Les autres peuvent vous demander conseil. Il est très facile, quand cela se produit, de vous imaginer dans le rôle du professeur. Résistez à la tentation. Il peut être flatteur de voir qu'on donne de la valeur à vos conseils, mais ne vous éloignez pas de ce que vous connaissez. En méditation, peu de connaissances peuvent se révéler dangereuses. Aidez les autres sans les induire en erreur.

Conclusion

On a demandé une fois à un maître très respecté quel conseil il donnerait à quelqu'un qui pensait commencer la méditation. Sa réponse fut : « Commence – et continue ». Après avoir consulté ce livre, j'espère que vous avez commencé et que vous allez maintenant continuer. Veillez à garder la méditation dans votre cœur sans la laisser devenir envahissante. Ne faites pas l'erreur de penser que la méditation est quelque chose que vous faites et que les bienfaits sont dus à vos propres efforts. Aucun jardinier compétent ne croirait que de belles fleurs sont le résultat de ses efforts. Comme un bon jardinier, notre rôle en méditation est d'établir des conditions favorables. Nous ne sommes pas plus responsables de ces résultats que nous ne le sommes du fait d'être vivant.

Par conséquent la méditation requiert de l'humilité. Les résultats apparaissent car c'est la nature de l'esprit qui nous a été donnée, l'esprit qui se révèle une fois que nous avons cessé de le brouiller avec la distraction mentale superflue. La capacité à rester les pieds sur terre est de même importance que l'humilité. Il est possible, quand la méditation semble aller bien, de devenir détaché de ce monde. Les soucis quotidiens de travail et de famille peuvent passer à l'arrière-plan. Au lieu de devenir plus attentif et efficace dans le quotidien, on se désintéresse à en devenir même indifférent. Tout ce qui semble important peut être la réalisation dans des domaines non spirituels. Cet état d'esprit détaché du monde est un signe sûr que la méditation, en dépit des apparences, ne fonctionne pas bien. La méditation concerne la vie courante et non le fait d'y échapper. Cette vie ordinaire est reconnue comme l'expression de la réalité ultime d'où tout surgit et où tout retourne un jour. Parfois cette reconnaissance est exprimée comme la sacralité de la vie quotidienne. Le bouddhisme Zen souligne que l'esprit devrait être toujours présent dans l'immédiateté de l'expérience. Quand vous travaillez, travaillez, quand vous vous reposez, reposez-vous, quand vous dormez, dormez. Le moment présent n'est pas séparé des dimensions spirituelles, qui vous le savez, existent.

Ne laissez pas la méditation vous éloigner du monde. Au contraire, laissez-la vous aider à l'apprécier, à ressentir de la gratitude pour votre famille et vos amis, pour la nature et son abondance, les animaux, les plantes et les arbres mais aussi pour les choses inanimées, la beauté des montagnes lointaines et de l'eau qui s'écoule, pour les minéraux qui contribuent à produire notre nourriture et, par-dessus tout peut-être, pour la lumière du soleil, qui illumine et réchauffe, pour le soleil lui-même – symbole parfait du sacrifice, qui maintient la vie sur Terre et se meurt lentement.

Vous exprimez ainsi la reconnaissance du createur du cosmos, quelle que soit votre conception de ce créateur. Pour finir, vous exprimez de la gratitude pour votre précieuse vie humaine, et pour un esprit au travers duquel le monde peut sans cesse s'exprimer.

Lectures complémentaires

- Il existe un grand nombre d'ouvrages utiles sur la méditation. Les titres du même auteur *Learn to meditate* et *Learn Zen Meditation* (publiés chez Duncan Baird) peuvent se révéler intéressants, tout comme son ouvrage *Le livre de la méditation* (Pocket) et *Mandalas de méditation* (le Courrier du livre).

- *Tranquillity and Insight* de Amadeo Solé-Leris (Rider / Pariyatti), *Les étapes de la méditation* (Éditions du Seuil) de Kamalashila, *A Still Forest Pool* (Quest / Theosophical) de Achaan Chah, *The Meditative Way* (RoutledgeCurzon) par Rod Bucknell et Chris Kang (éditeurs), et *The Bridge of Quiescence* de Alan Wallace (Open Court) comptent parmi les ouvrages relativement récents qui peuvent être grandement recommandés.

- Le livre de David Fontana et Ingrid Slack *Teaching Meditation to Children* (Watkins) vous donnera des conseils sur le travail de la méditation avec les enfants.

- Pour obtenir des conseils sur les retraites méditatives, le meilleur ouvrage est à ma connaissance : *Retreat: Time Apart for Silence and Solitude* (Thorsons) de Roger Housden.

- Ceux qui souhaitent suivre les recherches médicales actuelles sur le pouvoir de guérison de la méditation, de la prière et de la guérison à distance et sur d'autres aspects de la relation corps-esprit ne pourraient pas trouver mieux que les ouvrages suivants : *Timeless Healing: The Power and Biology of Belief* de Herbert Benson (Simon and Schuster / Scribner), *Healing and the Mind* (Doubleday) par Bill Moyers (éditeur), *Mind Body Medicine* (Consumer Reports Books) par Daniel Goleman et Joel Gurin (éditeurs), et deux livres de Larry Dossey, *La médecine réinventée* (Vivez Soleil) et *La prière. Un remède pour le corps et l'esprit* (Le Jour éd.).

- Michael Murphy et Rhea White ont réalisé une enquête intéressante sur l'altération des états de conscience en sport *In the Zone: Transcendent Experience in Sports* (Penguin USA).

Notes

Notes